PRACTICE — ASSESS — DIAGNOSE

180 Days of WRITING for Second Grade

Spanish

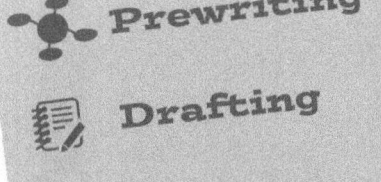
- Prewriting
- Drafting
- Revising
- Editing
- Publishing

Author
Brenda A. Van Dixhorn

Standards

For information on how this resource meets national and other state standards, see pages 4–6. You may also review this information by scanning the QR code or visiting our website at http://www.shelleducation.com and following the on-screen directions.

Publishing Credits

Corinne Burton, M.A.Ed., *President*; Emily R. Smith, M.A.Ed., *Content Director*; Jennifer Wilson, *Editor*; Grace Alba Le, *Multimedia Designer*; Don Tran, *Production Artist*; Stephanie Bernard, *Assistant Editor*; Amber Goff, *Editorial Assistant*

Image Credits

pp. 45, 62, 65, 89, 101, 105, 183–184, iStock; All other images Shutterstock.

Standards

© Copyright 2010. National Governors Association Center for Best Practices and Council of Chief State School Officers. All rights reserved. (CCSS)

Shell Education
5482 Argosy Avenue
Huntington Beach, CA 92649-1030
www.tcmpub.com/shell-education
ISBN 978-1-0876-4304-5
© 2021 Shell Education Publishing, Inc.

The classroom teacher may reproduce copies of materials in this book for classroom use only. The reproduction of any part for an entire school or school system is strictly prohibited. No part of this publication may be transmitted, stored, or recorded in any form without written permission from the publisher.

TABLE OF CONTENTS

Introduction...3
How to Use This Book.................................4
Standards Correlations 13
Daily Practice Pages 14
Answer Key 194
Writing Rubrics 202
Writing Analyses 205
The Writing Process 208
Editing Marks 209
Writing Tips..210
Writing Signs..213
Digital Resources 216

INTRODUCTION

The Need for Practice

To be successful in today's writing classrooms, students must deeply understand both concepts and procedures so that they can discuss and demonstrate their understanding. Demonstrating understanding is a process that must be continually practiced for students to be successful. Practice is especially important to help students apply their concrete, conceptual understanding of each particular writing skill.

Understanding Assessment

In addition to providing opportunities for frequent practice, teachers must be able to assess students' writing skills. This is important so that teachers can adequately address students' misconceptions, build on their current understandings, and challenge them appropriately. Assessment is a long-term process that involves careful analysis of student responses from a discussion, project, practice sheet, or test. When analyzing the data, it is important for teachers to reflect on how their teaching practices may have influenced students' responses and to identify those areas where additional instruction may be required. In short, the data gathered from assessments should be used to inform instruction: slow down, speed up, or reteach. This type of assessment is called *formative assessment*.

HOW TO USE THIS BOOK

With *180 Days of Writing*, creative, theme-based units guide students as they practice the five steps of the writing process: prewriting, drafting, revising, editing, and publishing. During each odd week (Weeks 1, 3, 5, etc.), students interact with mentor texts. Then, students apply their learning by writing their own pieces during each following even week (Weeks 2, 4, 6, etc.). Many practice pages also focus on grammar/language standards to help improve students' writing.

Easy to Use and Standards Based

These daily activities reinforce grade-level skills across the various genres of writing: opinion, informative/explanatory, and narrative. Each day provides a full practice page, making the activities easy to prepare and implement as part of a classroom morning routine, at the beginning of each writing lesson, or as homework.

The chart below indicates the writing and language standards that are addressed throughout this book. See pages 5–6 for a breakdown of which writing standard is covered in each week.
Note: Students may not have deep understandings of some topics in this book. Remember to assess students based on their writing skills and not their content knowledge.

College and Career Readiness Standards

Writing 2.1—Write opinion pieces in which they introduce the topic they are writing about, state an opinion, support the opinion, and provide a concluding statement.
Writing 2.2—Write informative/explanatory texts in which they introduce a topic, use facts and definitions to develop points, and provide a concluding statement or section.
Writing 2.3—Write narratives in which they recount a well-elaborated event or short sequence of events.
Language 2.1—Demonstrate the command of the conventions of standard English grammar and usage when writing or speaking.
Language 2.2—Demonstrate command of the conventions of standard English capitalization, punctuation, and spelling when writing.
Language 2.5—Demonstrate understanding of word relationships and nuances in word meanings.

HOW TO USE THIS BOOK (cont.)

Below is a list of overarching themes, corresponding weekly themes, and the writing standards that students will encounter throughout this book. For each overarching theme, students will interact with mentor texts in the odd week and then apply their learning by writing their own pieces in the even week. **Note:** The writing prompt for each week can be found on pages 7–8. You may wish to display the prompts in the classroom for students to reference throughout the appropriate weeks.

Overarching Themes	Weekly Themes	Standards
Ready to Learn	**Week 1:** Rules for School **Week 2:** Friends at School	**Writing 2.3**—Write narratives in which they recount a well-elaborated event or short sequence of events.
Where People Live	**Week 3:** In the City **Week 4:** In the Country	**Writing 2.2**—Write informative/explanatory texts in which they introduce a topic, use facts and definitions to develop points, and provide a concluding statement or section.
Fall Fruit	**Week 5:** Why Eat Apples **Week 6:** How to Eat Apples	**Writing 2.1**—Write opinion pieces in which they introduce the topic they are writing about, state an opinion, support the opinion, and provide a concluding statement.
A Walk in the Woods	**Week 7:** Rainforests **Week 8:** Temperate Forests	**Writing 2.2**—Write informative/explanatory texts in which they introduce a topic, use facts and definitions to develop points, and provide a concluding statement or section.
Are They Scary?	**Week 9:** Jack-o-Lanterns **Week 10:** Scarecrows	**Writing 2.1**—Write opinion pieces in which they introduce the topic they are writing about, state an opinion, support the opinion, and provide a concluding statement.
Thankfulness	**Week 11:** Being Thankful **Week 12:** Sharing Thanks	**Writing 2.1**—Write opinion pieces in which they introduce the topic they are writing about, state an opinion, support the opinion, and provide a concluding statement.
Weird Weather	**Week 13:** Thunderstorms **Week 14:** Snowstorms	**Writing 2.2**—Write informative/explanatory texts in which they introduce a topic, use facts and definitions to develop points, and provide a concluding statement or section.
Time to Give	**Week 15:** Gifts to Me **Week 16:** Giving to Others	**Writing 2.3**—Write narratives in which they recount a well-elaborated event or short sequence of events.
Staying Warm	**Week 17:** Building Snowmen **Week 18:** Sledding	**Writing 2.3**—Write narratives in which they recount a well-elaborated event or short sequence of events.
Black and White	**Week 19:** Zebras **Week 20:** Penguins	**Writing 2.2**—Write informative/explanatory texts in which they introduce a topic, use facts and definitions to develop points, and provide a concluding statement or section.
Our Country	**Week 21:** Important People **Week 22:** Important Places	**Writing 2.1**—Write opinion pieces in which they introduce the topic they are writing about, state an opinion, support the opinion and provide a concluding statement.

HOW TO USE THIS BOOK (cont.)

Overarching Themes	Weekly Themes	Standards
In the Present	**Week 23:** Little Red Riding Hood **Week 24:** Goldilocks and the Three Bears	**Writing 2.3**—Write narratives in which they recount a well-elaborated event or short sequence of events.
Looking Green	**Week 25:** Frogs **Week 26:** Turtles	**Writing 2.2**—Write informative/explanatory texts in which they introduce a topic, use facts and definitions to develop points, and provide a concluding statement or section.
Out in Space	**Week 27:** Planets **Week 28:** Sun, Moon, and Stars	**Writing 2.3**—Write narratives in which they recount a well-elaborated event or short sequence of events.
Just a Day	**Week 29:** A Great Day **Week 30:** A Bad Day	**Writing 2.3**—Write narratives in which they recount a well-elaborated event or short sequence of events.
Picnic Pests	**Week 31:** Ants **Week 32:** Bees	**Writing 2.1**—Write opinion pieces in which they introduce the topic they are writing about, state an opinion, support the opinion, and provide a concluding statement.
Movement	**Week 33:** In the Wind **Week 34:** Push or Pull	**Writing 2.2**—Write informative/explanatory texts in which they introduce a topic, use facts and definitions to develop points, and provide a concluding statement or section.
Free Time	**Week 35:** Watching TV or Reading? **Week 36:** Beach or Park?	**Writing 2.1**—Write opinion pieces in which they introduce the topic they are writing about, state an opinion, support the opinion, and provide a concluding statement.

HOW TO USE THIS BOOK (cont.)

Weekly Setup

Write each prompt on the board throughout the appropriate week. Students should reference the prompts as they work through the activity pages so that they stay focused on the topics and the right genre of writing: opinion, informative/explanatory, and narrative. You may wish to print copies of this chart from the digital resources (filename: G2_writingprompts_SP.pdf) and distribute them to students to keep throughout the school year.

Semana	Tema
1	Muchas escuelas tienen reglas que los estudiantes deben seguir. Describe una ocasión en la que tu clase estableció reglas para el salón de clases.
2	Describe una ocasión en la que hayas jugado con un amigo en la escuela.
3	Piensa sobre la ciudad. Describe cómo es y qué ocurre allí.
4	Describe cómo es un campo y qué ocurre allí.
5	Hay muchos motivos por los que las personas deberían comer manzanas. Explica por qué las personas deberían comer manzanas. Incluye motivos que respalden tu opinión.
6	Describe la mejor manera de comer manzanas. Incluye motivos que respalden tu opinión.
7	Describe un bosque tropical. Incluye detalles acerca de cómo se ve y cómo huele el bosque.
8	Describe un bosque templado. Incluye detalles acerca de cómo se ve y cómo huele el bosque.
9	¿Crees que las calabazas de Halloween dan miedo? Escribe un párrafo dando a conocer tu opinión y detalles que ayuden a respaldarla.

Semana	Tema
10	¿Crees que los espantapájaros dan miedo? Escribe un párrafo dando a conocer tu opinión. Agrega detalles que ayuden a respaldarla.
11	¿Cuál es la mejor manera de que alguien te agradezca? Explica.
12	¿Cuál es la mejor manera de dar las gracias a alguien? Explica.
13	Describe qué es una tormenta eléctrica. Incluye detalles de cómo es y de los peligros que puede presentar.
14	Describe qué es una tormenta de nieve. Incluye detalles de cómo es y de los peligros que puede presentar.
15	Piensa en una ocasión en la que hayas recibido un regalo. Escribe una narración sobre cuál era el regalo, quién te lo dio y qué significa el regalo para ti.
16	Piensa en una ocasión en la que le hayas dado un regalo a alguien. Escribe una narración sobre cuál era el regalo, cómo lo elegiste y cómo reaccionó la persona al abrirlo.
17	Describe una ocasión en la que hayas construido un muñeco de nieve o cuenta cómo piensas que podría ser construir un muñeco de nieve. Incluye detalles sobre el día.

HOW TO USE THIS BOOK (cont.)

Semana	Tema
18	Describe una ocasión en la que te hayas deslizado en trineo o cuenta cómo crees que se sentiría deslizarse en trineo. Incluye detalles sobre el día.
19	Escribe un párrafo sobre las cebras. Incluye datos sobre el lugar donde viven y sus características físicas.
20	Escribe un párrafo sobre los pingüinos. Incluye datos sobre el lugar donde viven y sus características físicas.
21	Escribe un párrafo sobre personas importantes. Incluye detalles que expliquen por qué son importantes.
22	Escribe un párrafo sobre un lugar que sea importante para ti. Incluye detalles tales como dónde se encuentra.
23	Escribe una versión moderna de *Caperucita Roja*. Incluye diálogos y un final convincente.
24	Escribe una versión moderna de *Ricitos de Oro y los tres osos*. Incluye diálogos y un final convincente.
25	Describe el aspecto de las ranas. Brinda detalles descriptivos empleando diversos adjetivos.
26	Describe el aspecto de las tortugas. Brinda detalles descriptivos empleando diversos adjetivos.
27	Imagina que estás en un viaje por el espacio. Redacta una narración sobre los diferentes planetas que ves durante tu aventura.
28	Imagina que estás en un viaje por el espacio. Redacta una narración sobre lo que ves y lo que haces durante tu aventura.

Semana	Tema
29	¿Alguna vez has tenido un gran día? Describe qué ocurrió y qué hiciste.
30	¿Alguna vez has tenido un mal día? Describe qué ocurrió y qué hiciste para que el día mejorara.
31	¿Crees que las hormigas son útiles? Explica tu respuesta y proporciona ideas secundarias.
32	¿Crees que las abejas son útiles? Explica tu respuesta y proporciona ideas secundarias.
33	Describe la manera en que el viento afecta a los objetos. Incluye y describe tipos de objetos que pueden o no ser movidos por el viento.
34	Describe cómo se empujan o jalan los objetos. Incluye diferencias entre jalar y empujar.
35	¿Prefieres mirar televisión o leer? Explica por qué usando ideas secundarias sólidas.
36	¿Prefieres la playa o el parque? Explica por qué usando ideas secundarias sólidas.

HOW TO USE THIS BOOK (cont.)

Using the Practice Pages

The activity pages provide practice and assessment opportunities for each day of the school year. Teachers may wish to prepare packets of weekly practice pages for the classroom or for homework. As outlined on pages 5–6, each two-week unit is aligned to one writing standard. **Note:** Before implementing each week's activity pages, review the corresponding prompt on pages 7–8 with students and have students brainstorm thoughts about each topic.

On odd weeks, students practice the daily skills using mentor texts. On even weeks, students use what they have learned in the previous week and apply it to their own writing.

Each day focuses on one of the steps in the writing process: prewriting, drafting, revising, editing, and publishing.

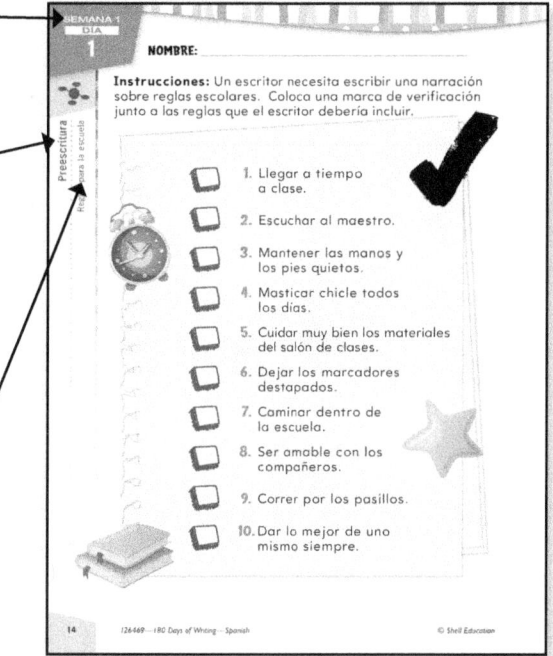

There are 18 overarching themes. Each odd week and the following even week focus on unique themes that fit under one overarching theme. For a list of the overarching themes and individual weekly themes, see pages 5–6.

Using the Resources

The following resources will be helpful to students as they complete the activity pages. Print copies of these resources and provide them to students to keep at their desks.

Rubrics for the three genres of writing (opinion, informative/explanatory, and narrative) can be found on pages 202–204. Use the rubrics to assess students' writing at the end of each even week. Be sure to share these rubrics with students often so that they know what is expected of them.

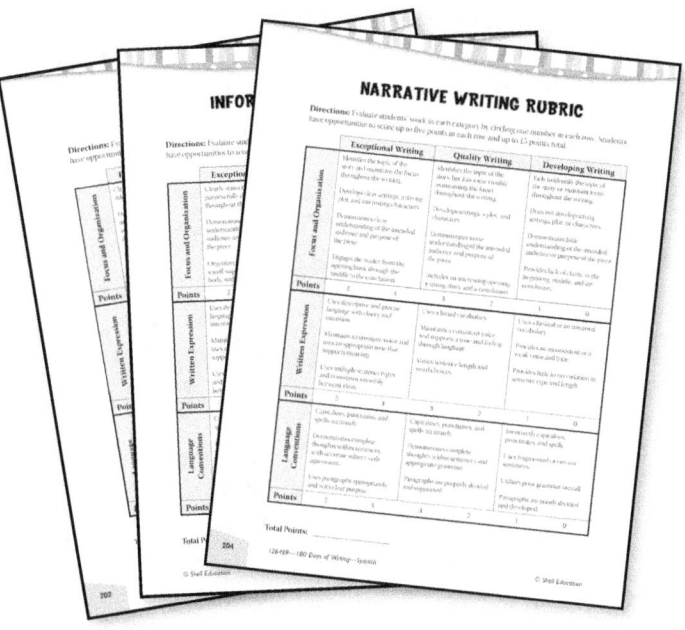

HOW TO USE THIS BOOK (cont.)

Using the Resources (cont.)

The Writing Process can be found on page 208 and in the digital resources (filename: G2_writing_process_SP.pdf). Students can reference each step of the writing process as they move through each week.

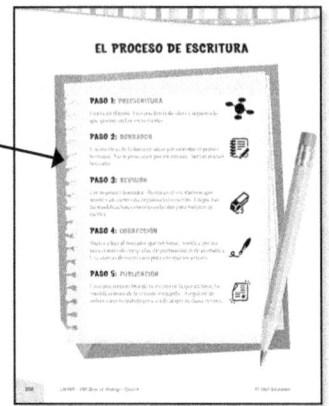

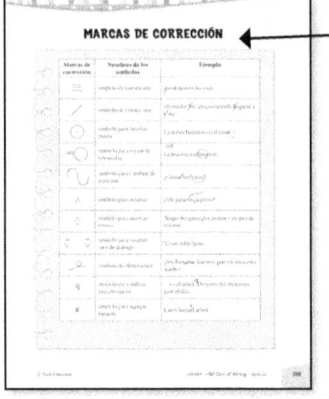

Editing Marks can be found on page 209 and in the digital resources (filename: G2_editing_marks_SP.pdf). Students may need to reference this page as they work on the editing activities (Day 4s).

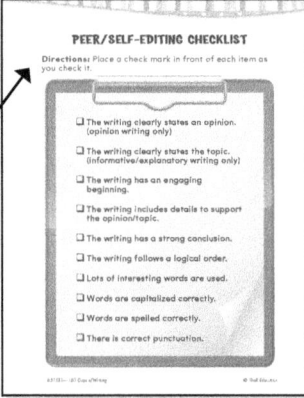

If you wish to have students peer or self-edit their writing, a *Peer/Self-Editing Checklist* is provided in the digital resources (filename: G2_peer_checklist.pdf).

Writing Signs for each of the writing genres are on pages 213–215 and in the digital resources (filename: G2_writing_signs_SP.pdf). Hang the signs up during the appropriate two-week units to remind students which type of writing they are focusing on.

Writing Tips pages for each of the writing genres can be found on pages 210–212 and in the digital resources (filename: G2_writing_tips_SP.pdf). Students can reference the appropriate *Writing Tips* pages as they work through the weeks.

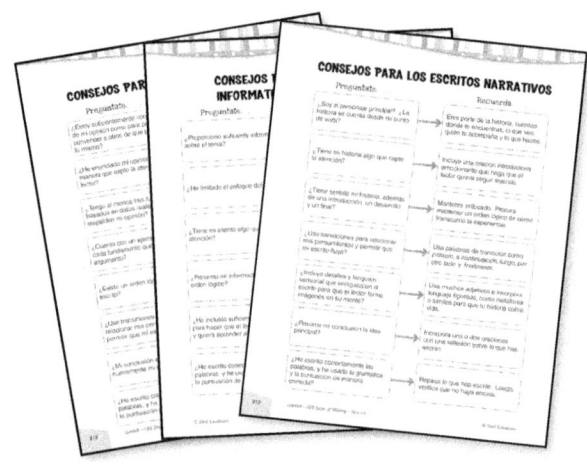

HOW TO USE THIS BOOK (cont.)

Diagnostic Assessment

Teachers can use the practice pages as diagnostic assessments. The data analysis tools included with the book enable teachers or parents to quickly score students' work and monitor their progress. Teachers and parents can quickly see which writing skills students may need to target further to develop proficiency.

After students complete each two-week unit, score each students' even week Day 5 published piece using the appropriate, genre-specific rubric (pages 202–204). Then, complete the *Practice Page Item Analysis* (pages 205–207) that matches the writing genre. These charts are also provided in the digital resources (filenames: G2_opinion_analysis.pdf, G2_informative_analysis.pdf, G2_narrative_analysis.pdf). Teachers can input data into the electronic files directly on the computer, or they can print the pages and analyze students' work using paper and pencil.

To Complete the Practice Page Item Analyses:

- Write or type students' names in the far-left column. Depending on the number of students, more than one copy of the form may be needed or you may need to add rows.

- The weeks in which the particular writing genres are the focus are indicated across the tops of the charts. **Note:** Students are only assessed on the even weeks, therefore the odd weeks are not included on the charts.

- For each student, record his or her rubric score in the appropriate column.

- Add the scores for each student after they've focused on a particular writing genre twice. Place that sum in the far right column. Use these scores as benchmarks to determine how each student is performing. This allows for three benchmarks during the year that you can use to gather formative diagnostic data.

HOW TO USE THIS BOOK (cont.)

Using the Results to Differentiate Instruction

Once results are gathered and analyzed, teachers can use the results to inform the way they differentiate instruction. The data can help determine which writing types are the most difficult for students and which students need additional instructional support and continued practice.

Whole-Class Support

The results of the diagnostic analysis may show that the entire class is struggling with a particular writing genre. If these concepts have been taught in the past, this indicates that further instruction or reteaching is necessary. If these concepts have not been taught in the past, this data is a great preassessment and may demonstrate that students do not have a working knowledge of the concepts. Thus, careful planning for the length of the unit(s) or lesson(s) must be considered, and additional front-loading may be required.

Small-Group or Individual Support

The results of the diagnostic analysis may show that an individual student or a small group of students is struggling with a particular writing genre. If these concepts have been taught in the past, this indicates that further instruction or reteaching is necessary. Consider pulling these students aside to instruct them further on the concept(s), while others are working independently. Students may also benefit from extra practice using games or computer-based resources. Teachers can also use the results to help identify individual students or groups of proficient students who are ready for enrichment or above-grade-level instruction. These students may benefit from independent learning contracts or more challenging activities.

Digital Resources

Reference page 216 for information about accessing the digital resources and an overview of the contents.

STANDARDS CORRELATIONS

Shell Education is committed to producing educational materials that are research and standards based. In this effort, we have correlated all of our products to the academic standards of all 50 states, the District of Columbia, the Department of Defense Dependents Schools, and all Canadian provinces.

How to Find Standards Correlations

To print a customized correlation report of this product for your state, visit our website at **www.tcmpub.com/shell-education** and follow the on-screen directions. If you require assistance in printing correlation reports, please contact our Customer Service Department at 1-877-777-3450.

Purpose and Intent of Standards

Legislation mandates that all states adopt academic standards that identify the skills students will learn in kindergarten through grade twelve. Many states also have standards for Pre-K. This same legislation sets requirements to ensure the standards are detailed and comprehensive.

Standards are designed to focus instruction and guide adoption of curricula. Standards are statements that describe the criteria necessary for students to meet specific academic goals. They define the knowledge, skills, and content students should acquire at each level. Standards are also used to develop standardized tests to evaluate students' academic progress.

Teachers are required to demonstrate how their lessons meet state standards. State standards are used in the development of all of our products, so educators can be assured they meet the academic requirements of each state.

The activities in this book are aligned to today's national and state-specific college and career readiness standards. The chart on page 4 lists the writing and language standards used throughout this book. A more detailed chart on pages 5–6 correlates the specific writing standards to each week.

SEMANA 1 DÍA 1

Preescritura — Reglas para la escuela

NOMBRE: _____

Instrucciones: Un escritor necesita escribir una narración sobre reglas escolares. Coloca una marca de verificación junto a las reglas que el escritor debería incluir.

☐ 1. Llegar a tiempo a clase.

☐ 2. Escuchar al maestro.

☐ 3. Mantener las manos y los pies quietos.

☐ 4. Masticar chicle todos los días.

☐ 5. Cuidar muy bien los materiales del salón de clases.

☐ 6. Dejar los marcadores destapados.

☐ 7. Caminar dentro de la escuela.

☐ 8. Ser amable con los compañeros.

☐ 9. Correr por los pasillos.

☐ 10. Dar lo mejor de uno mismo siempre.

NOMBRE: _____

Instrucciones: Lee el párrafo narrativo. Subraya los pasos que siguen los estudiantes a fin de establecer las reglas para el salón de clases.

El primer día de clases fue grandioso. Asisto al segundo grado de la Escuela Primaria Elliott Grove. Mi maestra es la Sra. Wright. Hoy, nuestra clase decidió que debíamos tener reglas escolares que todos obedeceríamos. La Sra. Wright nos dio tres hojas de papel a cada uno y nos pidió que escribiéramos una regla para el salón de clases en cada una. Observamos las reglas que habíamos escrito y notamos que muchas eran iguales. Elegimos cinco reglas que nuestra clase debía obedecer este año. ¡Sé que será un buen año!

Práctica de letra de molde

Instrucciones: Usa tu mejor letra de molde para escribir una oración sobre una de las reglas que obedeces en la escuela.

_____

_____

SEMANA 1 DÍA 3

NOMBRE: _____

Revisión — Reglas para la escuela

Instrucciones: Lee el párrafo. Las oraciones del medio están desordenadas. Escribe los números 1, 2 y 3 para ordenarlas correctamente.

> Todos los salones de clases necesitan reglas. ____ Luego, nosotros pensamos en qué reglas deberíamos tener. ____ Por último, obedecemos las reglas que elaboramos. ____ Primero, decidimos que debemos tener reglas. De esta manera, nuestro salón de clases será un entorno seguro.

¡Refuerza tu aprendizaje!

Las palabras conectoras ayudan a que el lector sepa cuándo pasan las cosas en una historia. Agrega estas palabras a tus escritos para que sean más claros para el lector.

NOMBRE: _____

Instrucciones: Usa el símbolo ≡ para corregir las palabras que deberían llevar mayúscula inicial.

1. Mi hermana asiste al preescolar abraham lincoln y debe obedecer reglas.

2. nuestra maestra, la sra. gillespie, ha realizado un gran esfuerzo para establecer reglas en la escuela park heights.

3. el sr. Bolander permite que sus estudiantes establezcan sus propias reglas para el salón de clases.

4. La sra. Eddy les recuerda a sus estudiantes lo útiles que pueden ser las reglas.

¡Refuerza tu aprendizaje!

Los nombres específicos de personas, incluida su forma abreviada de tratamiento, y los nombres propios de lugares deben llevar mayúscula inicial en tus escritos.

Ejemplo: La s̲r̲a. w̲e̲ldin enseña en la escuela p̲r̲imaria s̲p̲rings.

SEMANA 1 DÍA 5

Publicación — Reglas para la escuela

NOMBRE: _____

Instrucciones: Repasa el párrafo narrativo. Encierra las palabras en las que se hayan usado correctamente las mayúsculas. Subraya las palabras conectoras. Luego, responde la pregunta.

El primer día de clases fue grandioso. Asisto al segundo grado de la Escuela Primaria Elliott Grove. Mi maestra es la Sra. Wright. Hoy, con mis compañeros decidimos que debíamos tener reglas escolares que todos obedeceríamos. Luego, la Sra. Wright nos dio tres hojas de papel a cada uno y nos pidió que escribiéramos una regla para el salón de clases en cada una. Observamos las reglas que habíamos escrito y notamos que muchas eran iguales. Elegimos cinco reglas que nuestra clase debía obedecer este año. ¡Yo sé que será un buen año!

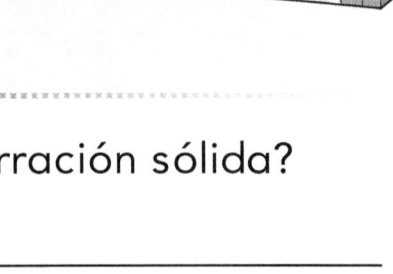

1. ¿Por qué el párrafo anterior es una narración sólida?

   _____
   _____
   _____

Esta semana, aprendí lo siguiente:

- a usar mayúscula inicial en los nombres específicos de personas, incluida su forma abreviada de tratamiento, y en los nombres propios de lugares
- a usar palabras conectoras para contar una historia

SEMANA 2
DÍA 1

NOMBRE: _____

Instrucciones: Piensa en tres amigos que tengas en la escuela. Escribe el nombre de cada amigo. Luego, enumera una actividad que haces con cada amigo en la escuela.

Preescritura
Amigos de la escuela

Mi amigo es:

Actividades que he hecho con mi amigo:

_____
_____
_____

Mi amigo es:

Actividades que he hecho con mi amigo:

_____
_____
_____

Mi amigo es:

Actividades que he hecho con mi amigo:

_____
_____
_____

SEMANA 2 DÍA 2

Borrador — Amigos de la escuela

NOMBRE: _____

Instrucciones: Describe una ocasión en la que hayas jugado con un amigo de la escuela. Usa tus notas de la página 19 como ayuda.

_____

_____

_____

_____

_____

_____

_____

_____

_____

> **¡Recuerda!**
>
> Una narración sólida incluye lo siguiente:
>
> - una oración introductoria
> - oraciones que describen los acontecimientos
> - nombres de personas y lugares específicos

Práctica de letra de molde

Instrucciones: Usa tu mejor letra de molde para escribir dos adjetivos sobre tu amigo.

_____

_____

NOMBRE: _____

Instrucciones: Encierra las palabras que te gusta usar para ayudar al lector a comprender la secuencia de una historia.

luego	a continuación
antes	después
anteriormente	en segundo lugar
primero	por último
tercero	más tarde
finalmente	

¡Hora de mejorar!

Instrucciones: Regresa al borrador que escribiste en la página 20. Agrega palabras conectoras para ayudar a que el lector sepa cuándo pasaron las cosas.

Ejemplo: ^Primero, Yo jugué fútbol con él.

SEMANA 2 DÍA 4

Corrección — Amigos de la escuela

NOMBRE: _____

Instrucciones: Usa el símbolo ≡ para indicar qué palabras de las siguientes oraciones deben llevar mayúscula inicial.

1. Es divertido jugar con mis amigos, amir, lily y aisha.

2. Todos estamos en el segundo grado de la escuela primaria fern hill.

3. Mi mamá me lleva al parque paul revere para que juegue con mi amigo gabriel.

4. A la hermana pequeña de ariel también le gusta jugar con nosotros en el parque.

¡Hora de mejorar!

Instrucciones: Regresa al borrador que escribiste en la página 20. Busca palabras que deben llevar mayúscula inicial.

SEMANA 2 DÍA 5

NOMBRE: _____

Instrucciones: Describe una ocasión en la que hayas jugado con un amigo de la escuela.

Publicación

Amigos de la escuela

SEMANA 3
DÍA 1

Preescritura — En la ciudad

NOMBRE: _____

Instrucciones: En cada ventana del edificio, escribe algo que puedas encontrar en una ciudad. Ya hay dos ejemplos.

NOMBRE: _____

SEMANA 3 DÍA 2

Instrucciones: Lee el párrafo informativo/explicativo. Subraya las oraciones que incluyen datos reales. Luego, responde la pregunta.

> La ciudad es el mejor lugar para vivir. Las ciudades tienen parques donde los niños pueden jugar. Es divertido ir a nadar. Las personas pueden hacer muchas actividades en las ciudades, como ir al zoológico o a un museo. Tenemos el mejor equipo de béisbol en nuestra ciudad. Las ciudades son lugares de mucha actividad. A veces, las ciudades pueden ser demasiado ruidosas. Casi siempre pasa algo en las ciudades.

Práctica de letra de molde

Instrucciones: ¿Qué actividades de la ciudad piensas que son divertidas? Usa tu mejor letra de molde para escribir tu respuesta.

_____

_____

¡Refuerza tu aprendizaje!

Usa datos reales para brindar información verdadera acerca de un lugar que estés describiendo.

SEMANA 3 DÍA 3

Revisión — En la ciudad

NOMBRE: _____

Instrucciones: Escribe un adjetivo para describir cada sustantivo.

- ___edificio___ alto
- _____ automóviles
- _____ parques
- _____ puentes
- _____ letreros
- _____ luces

¡Refuerza tu aprendizaje!

Los adjetivos describen sustantivos. Indican cómo son las personas, los lugares o las cosas. Usa adjetivos para que tus escritos sean más interesantes.

SEMANA 3 DÍA 4

NOMBRE: _____

Instrucciones: Usa el símbolo ∧ para agregar adjetivos a las oraciones.

1. Puedes viajar en autobuses en una ciudad.

2. A algunas personas les gusta ir a la tienda.

3. Hay muchos letreros en las calles de las ciudades.

4. Tienen restaurantes que sirven comida en muchos lugares.

5. Autobuses, trenes y taxis pueden ayudarte a trasladarte por la ciudad.

Corrección — En la ciudad

¡Refuerza tu aprendizaje!

Usa adjetivos para agregar detalles a tus escritos.

Ejemplo: Cuando fuimos al parque, nadamos en una piscina ∧ con toboganes ∧.
　　　　　　　　　　　　　　　　　acuático
　　　　　　　　　　　　　　　　　curvos

NOMBRE: _____

Instrucciones: Lee el párrafo. Luego, responde la pregunta.

Muchas personas viven en la ciudad. Las ciudades tienen parques grandes donde los niños pueden jugar. También tienen piscinas enormes. Las personas pueden hacer muchas actividades en la ciudad, como ir al zoológico o a un museo interesante. Algunas ciudades tienen excelentes equipos de béisbol. Las ciudades son lugares de mucha actividad. A veces, la ciudad puede ser ruidosa. Casi siempre pasa algo en las ciudades.

1. ¿Qué hace que este párrafo sea sólido?

_____
_____
_____
_____
_____

Esta semana, aprendí lo siguiente:

- a usar datos reales en escritos informativos/explicativos
- a agregar adjetivos para que los escritos sean más interesantes

NOMBRE: _____

Instrucciones: Coloca marcas de verificación en las vacas con palabras que podrían incluirse en un párrafo sobre el campo.

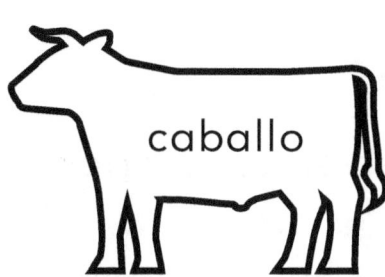

SEMANA 4 DÍA 2

NOMBRE: _____

Instrucciones: Describe cómo es un campo y qué ocurre allí. Usa tus elecciones de la página 29 como ayuda.

_____
_____
_____
_____
_____
_____
_____
_____
_____
_____
_____

¡Recuerda!

Un párrafo informativo/explicativo sólido incluye lo siguiente:

- una oración temática
- detalles que respaldan la idea principal
- una oración de conclusión

Práctica de letra de molde

Instrucciones: ¿Qué te gustaría hacer en el campo?

_____

NOMBRE: _____

Instrucciones: Agrega un sustantivo antes de cada adjetivo.

edificio _____

elevado _____

lindo _____

apestoso _____

suave _____

velludo _____

¡Hora de mejorar!

Instrucciones: Regresa al borrador que escribiste en la página 30. Agrega adjetivos para que sea más interesante.

Ejemplo: Crecen flores en el campo.
           rosas y amarillas

SEMANA 4 DÍA 4

NOMBRE: _____

Instrucciones: Lee las oraciones. Agrega adjetivos a las oraciones para incluir más detalles. Vuelve a escribir las nuevas oraciones detalladas en las líneas a continuación.

1. El campo es un lugar para vivir.

   _____

   _____

2. Las personas cuidan a los animales en las granjas.

   _____

   _____

3. No hay muchas personas en el campo.

   _____

   _____

¡Recuerda!

Agrega más detalles a tu escrito con el uso de adjetivos.

¡Hora de mejorar!

Instrucciones: Regresa al borrador que escribiste en la página 30. Busca espacios donde puedas agregar adjetivos para incluir más detalles.

NOMBRE: _____

Instrucciones: Describe cómo es el campo y qué ocurre allí.

_____
_____
_____
_____
_____
_____
_____
_____
_____
_____
_____
_____
_____

SEMANA 5
DÍA 1

NOMBRE: _____

Instrucciones: Coloca marcas de verificación en las manzanas que explican por qué comer manzanas es bueno para ti.

- Las manzanas son coloridas.
- Las manzanas ayudan a fortalecer el corazón.
- Las manzanas te ayudan a hacer ejercicio.
- Las manzanas son crujientes.
- Las manzanas son sabrosas.
- Las manzanas son frutas saludables.
- Las manzanas contienen vitaminas.
- Las manzanas pueden evitar que te enfermes.

Preescritura — Por qué debemos comer manzanas

SEMANA 5
DÍA 2

NOMBRE: _____

Instrucciones: Lee el párrafo. Encierra dos instancias en las que la autora da su opinión sobre comer manzanas. Luego, subraya las oraciones que respaldan la opinión.

> Todas las personas deberían comer manzanas todos los días. Las manzanas son coloridas y crujientes. Las manzanas son una merienda saludable. Tienen vitaminas que evitan que te enfermes. Las manzanas son deliciosas. Comer manzanas puede fortalecer el corazón. Es una buena idea comer una manzana al día.

Práctica de letra de molde

Instrucciones: Usa tu mejor letra de molde para escribir un motivo por el que deberías comer manzanas.

_____

_____

Borrador — Por qué debemos comer manzanas

SEMANA 5 DÍA 3

NOMBRE: _____

Instrucciones: Tacha los enunciados que no respaldan la opinión.

> **Opinión: Prefiero comer manzanas.**
>
> Hay una manzana en mi lonchera.
>
> Comí un plátano en el desayuno.
>
> ---
>
> **Opinión: Lo mejor de las manzanas es que son buenas para la salud.**
>
> Hay manzanas de diferentes colores.
>
> Las manzanas ayudan a fortalecer el corazón.
>
> ---
>
> **Opinión: Yo creo que las manzanas son excelentes para la merienda.**
>
> Mi mamá me dio galletas.
>
> Las manzanas son fáciles de llevar y de comer.

¡Refuerza tu aprendizaje!

La información que no respalda el enunciado de opinión debe ser eliminada. Indica que deseas eliminar el texto tachándolo con una línea.

Ejemplo: ~~Puedes recoger manzanas de los árboles en otoño.~~

NOMBRE: _____

Instrucciones: Escribe los sustantivos del banco de sustantivos en las manzanas correctas.

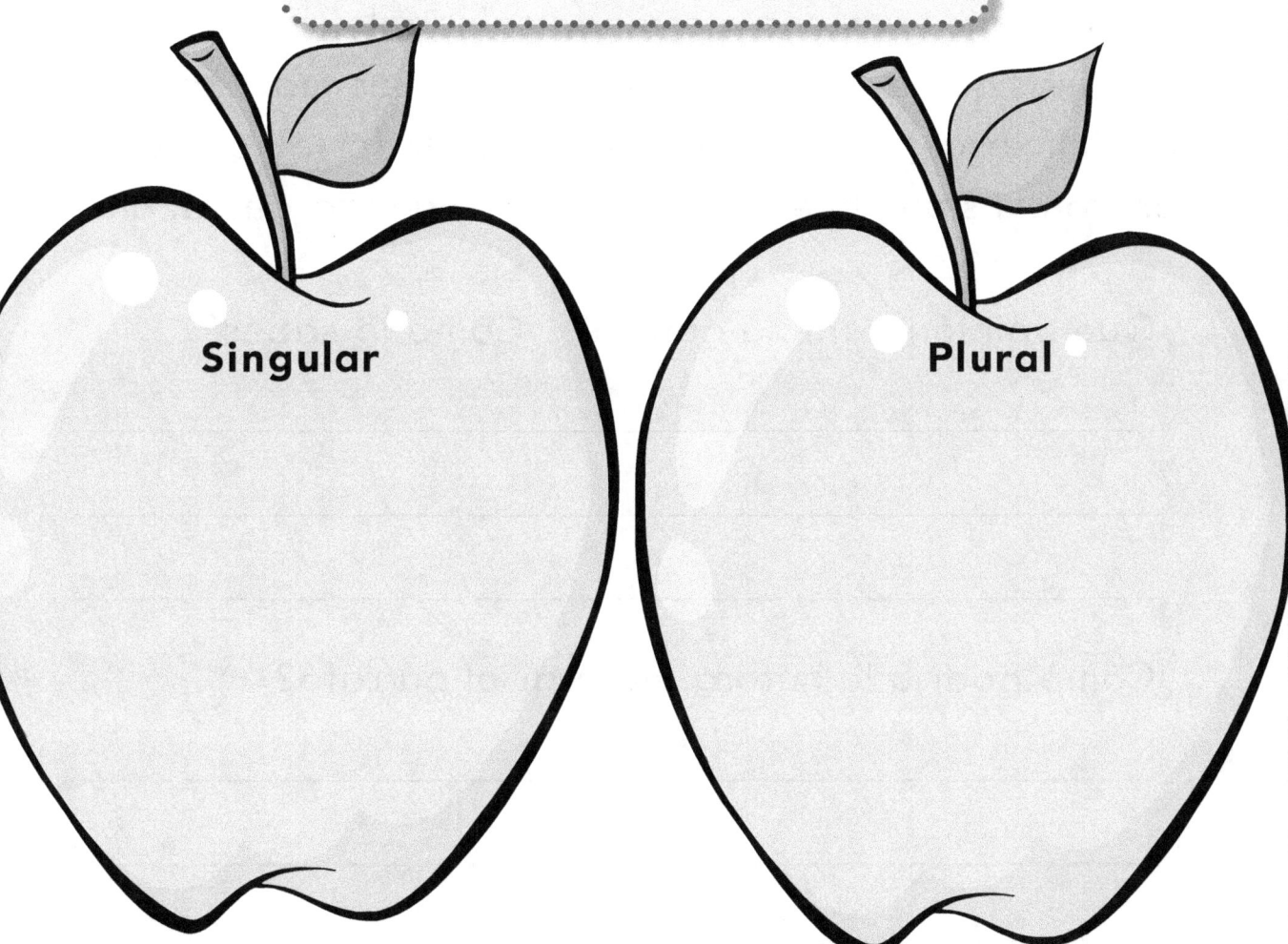

Banco de sustantivos

manzanas   árbol   canasta
corazón   hojas   tallos

Singular

Plural

Corrección — Por qué debemos comer manzanas

¡Refuerza tu aprendizaje!

Los sustantivos que indican más de uno se denominan *plurales*. Un **sustantivo plural** generalmente se puede formar agregando una -*s* o -*es* al final de una palabra.

SEMANA 5 DÍA 5

NOMBRE: _____

Publicación — Por qué debemos comer manzanas

Instrucciones: Repasa el párrafo de opinión. Luego, responde las siguientes preguntas.

> Todas las personas deberían comer manzanas todos los días. Las manzanas son coloridas y crujientes. Las manzanas son una merienda saludable. Tienen vitaminas que evitan que te enfermes. Las manzanas son deliciosas. Comer manzanas puede fortalecer el corazón. Es una buena idea comer una manzana al día.

1. ¿Qué opinión tiene la autora? ¿Cómo lo sabes?

   _____
   _____
   _____

2. ¿Cómo podría la autora mejorar el párrafo?

   _____
   _____
   _____

Esta semana, aprendí lo siguiente:

- que las oraciones de un párrafo deben respaldar el enunciado de opinión
- cómo formar sustantivos plurales

SEMANA 6
DÍA 1

NOMBRE: _____

Instrucciones: Encierra tu manera preferida de comer manzanas en la manzana en el centro de la hoja. Luego, escribe cuatro motivos por los que te gusta comer manzanas de ese modo en las manzanas laterales.

Preescritura — Cómo comer manzanas

Me gusta comer manzanas en rodajas.

Me gusta comer manzanas con salsa de caramelo.

Me gusta comer tarta de manzana.

Me gusta comer puré de manzana.

SEMANA 6 DÍA 2

NOMBRE: _____

Instrucciones: Describe la mejor manera de comer manzanas. Incluye motivos que respalden tu opinión. Usa tus notas de la página 39 como ayuda.

_____

_____

_____

_____

_____

_____

_____

_____

¡Recuerda!

Un párrafo de opinión sólido incluye lo siguiente:

- una oración introductoria que da a conocer tu opinión
- oraciones que respaldan tu opinión
- una oración de conclusión

Práctica de letra de molde

Instrucciones: Usa tu mejor letra de molde para escribir dos maneras diferentes de comer manzanas.

_____

_____

NOMBRE: _____

Instrucciones: Tacha las oraciones que no respaldan el enunciado de opinión.

> La mejor manera de disfrutar de las manzanas es untarlas con salsa de caramelo. Las manzanas son excelentes para la merienda porque puedes comerlas de diferentes maneras. Cada mordisco de una manzana con caramelo es dulce y delicioso. ¿Te gustan las papas al horno? Me gusta cuando el caramelo cubre la manzana por completo. Las tartas de manzana, los pasteles de manzana y el puré de manzana son buenos refrigerios. Agregarle caramelo a las manzanas es la mejor manera de comer manzanas.

¡Hora de mejorar!

Instrucciones: Regresa al borrador que escribiste en la página 40. Busca oraciones que no respalden tu enunciado de opinión y táchalas con una línea.

SEMANA 6 DÍA 4

Corrección — Cómo comer manzanas

NOMBRE: _____

Instrucciones: Usa el símbolo ∧ para agregar una -s o una -es a cada palabra y transformarla en plural. Usa el símbolo ⌒ para eliminar tildes que no tengan sentido.

- manzana
- tarta
- salsa
- caramelo
- rodaja
- pastel
- fruta
- semilla
- corazón
- tallo
- árbol

¡Hora de mejorar!

Instrucciones: Repasa el borrador que escribiste en la página 40. Busca sustantivos que deban estar en plural y corrígelos.

Ejemplo: Mi manera preferida de comer manzana∧ es comerlas en tartas.
           　　　　　　　　　　　　　　　　　　　s

NOMBRE: _____

SEMANA 6 DÍA 5

Instrucciones: Describe la mejor manera de comer manzanas. Incluye motivos que respalden tu opinión.

Publicación
Cómo comer manzanas

SEMANA 7 DÍA 1

NOMBRE: _____

Instrucciones: Dibuja una X en las hojas que tienen palabras que no corresponden a un bosque tropical.

- árboles
- serpientes
- enredaderas
- piscinas
- caminos de tierra
- tiendas de comestibles
- leopardos
- aves
- autobuses escolares
- ranas arbóreas
- chozas
- bibliotecas
- edificios de apartamentos
- flores
- monos

NOMBRE: _____

Instrucciones: Lee el párrafo informativo/explicativo. Subraya la oración temática. Luego, redacta una oración de conclusión que se relacione con la oración temática.

Un bosque tropical es un festín para los sentidos. Hay una diversidad de plantas, árboles y animales que puedes ver en los bosques tropicales. Las flores en los bosques tropicales tienen muchos aromas. Puedes oír muchos sonidos que producen los pájaros y otros animales. Algunas plantas son suaves al tacto, mientras que otras son rugosas. Algunos de los alimentos que saboreamos, como los plátanos, las especias y el azúcar, se encontraron por primera vez en los bosques tropicales.

_____
_____
_____

_____ **Práctica de letra de molde** abc

Instrucciones: Usa tu mejor letra de molde para escribir dos elementos que podrías ver en un bosque tropical.

_____   _____

SEMANA 7 DÍA 3

NOMBRE: _____

Instrucciones: Lee las oraciones. Las palabras subrayadas están repetidas y deben reemplazarse por otras. Para hacerlo, escribe sinónimos en las líneas.

1. Puedes ver muchas plantas en un bosque tropical y puedes <u>ver</u> muchos animales.

   _____

2. Las personas pueden oír pájaros volando y las personas pueden <u>oír</u> el viento que sopla entre los árboles.

   _____

3. Hay un olor húmedo en el bosque tropical y hay un <u>olor</u> a flores también.

   _____

¡Refuerza tu aprendizaje!

Los **sinónimos** son palabras que tienen el mismo significado o un significado similar. En lugar de usar la misma palabra una y otra vez, usa sinónimos para que tus escritos sean más interesantes.

SEMANA 7 DÍA 4

NOMBRE: _____

Instrucciones: Lee el párrafo. Luego, encierra en un círculo las palabras que están escritas con errores de ortografía. Escríbelas correctamente en las siguientes líneas. **Pista:** Hay seis errores de ortografía.

Corrección
Bosques tropicales

Muchas plantas y animales differentes construyen sus hogares en vosques tropicales. Algunos árboles son mui altos y algunas plantas son apenas más altas que el suelo. Algunos de los animales que viven en los bosques tropicales son leopardos, rranas, serpientes y arañas. Los bosqes tropicales les dan bida a muchas cosas.

Palabras escritas sin errores de ortografía:

_____   _____

_____   _____

_____   _____

¡Refuerza tu aprendizaje!

Siempre asegúrate de revisar las palabras que puedan estar escritas con errores de ortografía. Para indicar que una palabra está mal escrita, enciérrala en un círculo y escribe *ORT*. Luego, consulta un diccionario o el muro de términos para averiguar la manera correcta de escribirla.

Ejemplo: Los (árbolis)^ORT altos forman la (cuvierta)^ORT del bosque tropical.

© Shell Education   126469—180 Days of Writing—Spanish   47

SEMANA 7
DÍA 5

Publicación — Bosques tropicales

NOMBRE: _____

Instrucciones: Vuelve a leer el párrafo. Luego, escribe una oración de conclusión.

Un bosque tropical es un festín para los sentidos. Hay plantas, árboles y animales hermosos que puedes ver en los bosques tropicales. Las flores en los bosques tropicales tienen muchos aromas. Puedes oír muchos sonidos que producen las aves y otros animales. Algunas plantas son suaves al tacto, mientras que otras son irregulares. Algunos de los alimentos que saboreamos, como los plátanos, las especias y el azúcar, se encontraron por primera vez en los bosques tropicales.

_____
_____
_____

Esta semana, aprendí lo siguiente:

- a hacer coincidir la oración temática con la oración de conclusión
- que usar sinónimos hace que los escritos sean más interesantes
- a buscar palabras escritas con errores de ortografía

NOMBRE: _____

SEMANA 8
DÍA 1

Instrucciones: Coloca marcas de verificación junto a las oraciones que incluirías en un párrafo informativo/explicativo sobre los bosques templados.

Preescritura
Bosques templados

☐ 1. Muchas personas viven cerca de bosques templados.

☐ 2. Puede ser muy divertido correr por el bosque.

☐ 3. Los bosques templados tienen cuatro estaciones.

☐ 4. Yo disfruto del paisaje de los bosques.

☐ 5. Se puede encontrar tierra fértil para que las plantas crezcan en los bosques templados.

☐ 6. Generalmente, llueve mucho en los bosques templados.

☐ 7. Algunas personas viven en cabañas en los bosques templados.

☐ 8. Da miedo caminar por los bosques templados.

SEMANA 8 — DÍA 2

NOMBRE: _____

Instrucciones: Describe un bosque templado. Incluye detalles sobre cómo es el bosque y qué olores tiene. Usa las notas de la página 49 como ayuda.

_____

_____

_____

_____

_____

_____

_____

_____

_____

> ## ¡Recuerda!
>
> Un buen párrafo informativo/explicativo incluye lo siguiente:
>
> - una oración temática
> - detalles que respalden la idea principal
> - una oración de conclusión

Práctica de letra de molde

Instrucciones: Usa tu mejor letra de molde para escribir el título de una historia que transcurre en un bosque.

_____

_____

NOMBRE: _____

Instrucciones: Une las palabras que se encuentran a la izquierda con sus sinónimos que se encuentran a la derecha. Luego, crea tu propio par de sinónimos.

 selva

 ruta

 sendero

 cabaña

 arroyo

 bosque

 casa de campo

 riachuelo

¡Hora de mejorar!

Instrucciones: Repasa el borrador que escribiste en la página 50. Busca palabras repetidas y reemplázalas por sinónimos.

SEMANA 8 DÍA 4

NOMBRE: _____

Instrucciones: Lee el párrafo. Encierra los errores ortográficos. Luego, escribe las palabras sin errores en las siguientes líneas.

Puede ser algo estremecedor visitar un vosque templado. Estos bosques son más bien oscuros, lo cual hace que sea difícil ver. Muchos anemales viven en bosques templados, y puedes oír sus sonidos inusuales. El suelo de los bosques templados suele ser húmedo y tener un holor rancio. A veces, los arbustos y la malesa rozan tus brazos, y eso te provoca una sensación rara.

_____

_____

_____

¡Recuerda!

Encierra las palabras que están escritas con errores de ortografía y escribe *ORT* sobre ellas. Esto te ayudará a recordar que debes consultar un diccionario, un muro de términos o a un amigo para averiguar cómo se escriben correctamente.

¡Hora de mejorar!

Instrucciones: Repasa el borrador que escribiste en la página 50 sobre los bosques templados. Verifica que no haya palabras escritas con errores de ortografía.

SEMANA 8
DÍA
5

NOMBRE: _____

Instrucciones: Describe un bosque templado. Incluye detalles sobre cómo es el bosque y qué olores tiene.

Publicación
Bosques templados

SEMANA 9 DÍA 1

NOMBRE: _____

Instrucciones: Observa la calabaza de Halloween. Encierra la palabra que corresponda para indicar si la calabaza de Halloween da miedo o no da miedo. Luego, coloca asteriscos junto a las oraciones que respaldan tu opinión.

Mi opinión

La calabaza de Halloween: **da miedo**   **no da miedo**

Oraciones secundarias

_____ Los dientes son muy afilados.

_____ Es solo una calabaza.

_____ No me gustan los ojos oscuros.

_____ No me gustaría encontrármela en la entrada de mi casa.

_____ Parece estar sonriendo.

NOMBRE: _____

Instrucciones: Lee el párrafo. Subraya las oraciones que contienen opiniones.

La calabaza de Halloween que tallé da miedo. Comencé con una calabaza grande, y todos saben que las calabazas grandes dan más miedo que las calabazas pequeñas. Luego, diseñé un rostro aterrador. Mi calabaza de Halloween tiene una boca aterradora que se parece a un gesto de enojo. La boca tiene muchos dientes puntiagudos y aterradores. Esos dientes puntiagudos se ven aterradores. Creo que mi calabaza de Halloween es la más aterradora de todas.

Práctica de letra de molde

Instrucciones: Usa tu mejor letra de molde para escribir una oración sobre lo que te gusta hacer en otoño.

_____

_____

NOMBRE: _____

Instrucciones: Lee las oraciones. No tienen sentido. Vuelve a escribirlas de manera que tengan sentido.

1. Las calabazas de Halloween son decoraciones divertidas para el Día de San Valentín.

   _____

   _____

2. Nos gusta esconder nuestras calabazas de Halloween para que todos las vean.

   _____

   _____

3. ¡Halloween es el mejor mes del año!

   _____

   _____

¡Refuerza tu aprendizaje!

Es importante que vuelvas a leer lo que has escrito para asegurarte de que las palabras que escribiste tengan sentido. Si encuentras algo en tu escrito que no esté claro, subráyalo. Esto te recordará que debes volver y revisar lo que escribiste.

Ejemplo: Creo que esta oración confusa.

NOMBRE: _____

Instrucciones: Lee las oraciones. Usa el símbolo ℮ para eliminar palabras que no tengan sentido. Escribe las palabras correctas encima o debajo de las palabras que tachaste.

1. Ellos visitaron campos de fresas para buscar calabazas que pudieran tallar para Halloween.

2. Asegúrate de que tu calabaza de Halloween esté tallada y lista para el 30 de septiembre.

3. Sería mejor que un adulto te ayudara a cortar las calabazas de Halloween porque, generalmente, los cuchillos están desafilados.

4. A menudo las personas se alegran cuando ven una calabaza de Halloween aterradora.

¡Refuerza tu aprendizaje!

Es importante estar seguro de que las palabras que usas en tus escritos tengan sentido. Puedes indicar que quieres cambiar una palabra que no es adecuada tachándola y escribiendo una palabra diferente encima o debajo de ella.

Ejemplo: Creemos que esa aterradora calabaza de Halloween es ~~bonita~~.
espantosa

SEMANA 9 DÍA 5

NOMBRE: _____

Instrucciones: Lee el párrafo. Luego, responde a la instrucción.

La calabaza de Halloween que tallé da miedo. Comencé con una calabaza grande, y todos saben que las calabazas grandes dan más miedo que las calabazas pequeñas. Luego, diseñé un rostro aterrador. Mi calabaza de Halloween tiene una boca aterradora que se parece a un gesto de enojo. La boca tiene muchos dientes puntiagudos y aterradores. Esos dientes puntiagudos se ven aterradores. Los ojos de mi calabaza de Halloween están parcialmente cerrados. Eso hace que el rostro parezca aterrador. Creo que mi calabaza de Halloween es la más aterradora de todas.

1. Escribe un ejemplo de un detalle que respalde la opinión del autor.

   _____
   _____

Esta semana, aprendí lo siguiente:

- a encontrar, subrayar y arreglar oraciones confusas
- a identificar oraciones que expresan opiniones

NOMBRE: _____

Instrucciones: Observa la imagen de un espantapájaros. ¿Crees que da miedo? Escribe tus ideas en las casillas.

SEMANA 10
DÍA 1

Preescritura — Espantapájaros

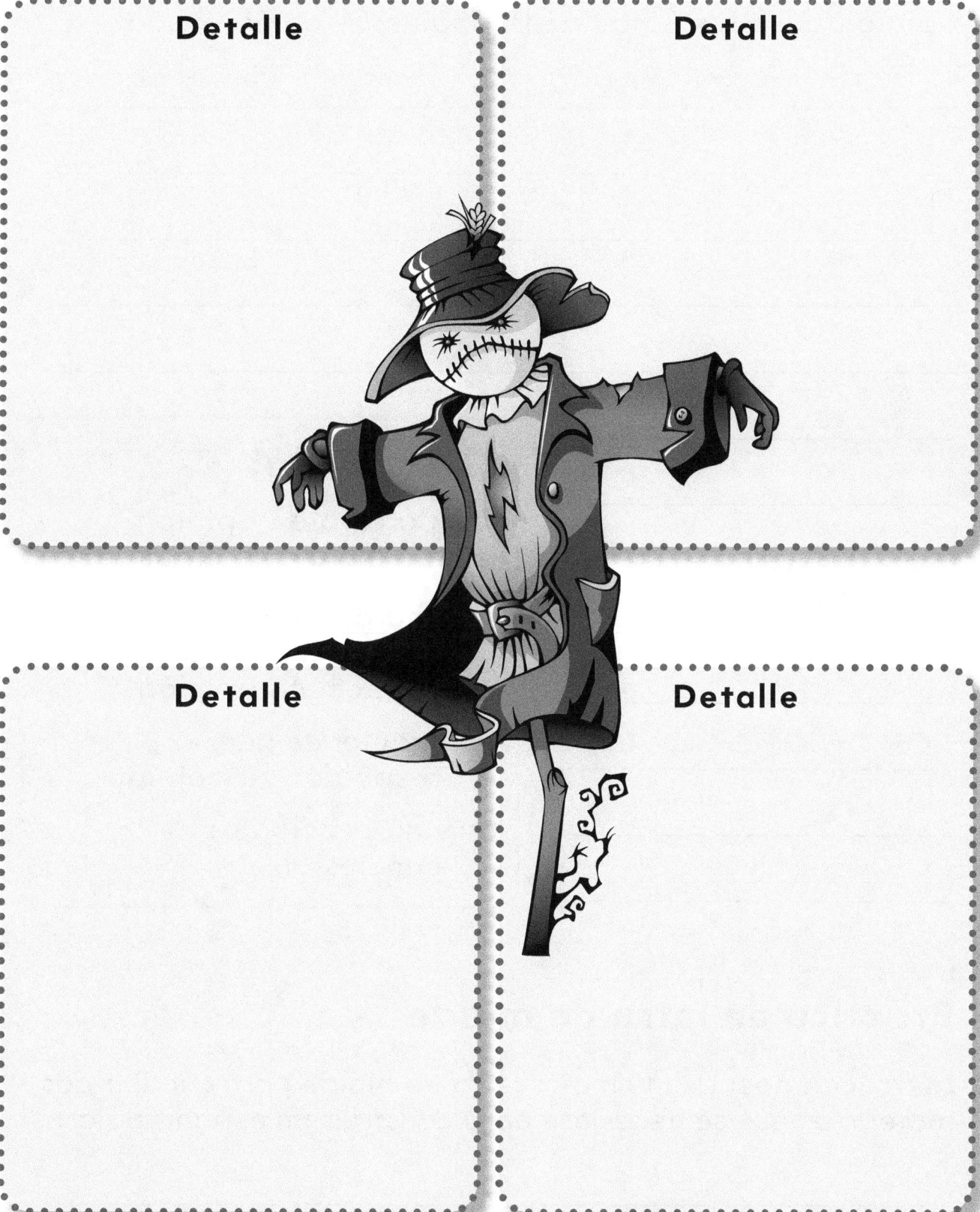

Detalle	Detalle
Detalle	Detalle

SEMANA 10 DÍA 2

NOMBRE: _____

Instrucciones: ¿Crees que los espantapájaros dan miedo? Redacta el borrador de un párrafo que dé a conocer tu opinión. Incluye detalles que respalden tu opinión. Usa tus notas de la página 59 como ayuda.

_____
_____
_____
_____
_____
_____
_____
_____
_____

> **¡Recuerda!**
>
> Un párrafo de opinión sólido incluye lo siguiente:
>
> - una oración introductoria que da a conocer tu opinión
> - oraciones que respaldan tu opinión
> - una oración de conclusión

Práctica de letra de molde

Instrucciones: Usa tu mejor letra de molde para escribir dos materiales que se necesitan para construir un espantapájaros.

_____   _____

SEMANA 10 DÍA 3

Revisión — Espantapájaros

NOMBRE: _____

Instrucciones: Lee las oraciones. Determina si tienen sentido. Vuelve a escribir todas las que no tengan sentido.

Oraciones	¿Tiene sentido?	Oraciones nuevas
Ejemplo: Los agricultores colocan espantapájaros en sus campos para que atraigan a los pájaros.	Sí (No)	Los agricultores colocan espantapájaros en sus campos para que **espanten** a los pájaros.
Se ven espantapájaros a menudo en durante cuando el otoño.	Sí No	
Se usan ropas viejas para vestir a los espantapájaros.	Sí No	
Generalmente, los pájaros vuelan hacia se alejan de los espantapájaros.	Sí No	
Los brazos y las piernas de con los espantapájaros se agitan cuando sopla el viento.	Sí No	

¡Hora de mejorar!

Instrucciones: Vuelve a leer el borrador que escribiste en la página 60. Vuelve a escribir las oraciones que no tengan sentido.

SEMANA 10
DÍA 4

NOMBRE: _____

Instrucciones: Lee las oraciones. Encuentra las palabras que se usan más de una vez. Usa el símbolo ⤴ para eliminarlas. Luego, escribe palabras diferentes encima o debajo de ellas.

Corrección — Espantapájaros

1. Los espantapájaros tienen rostros aterradores y cuerpos aterradores.

2. Los agricultores no quieren que los pájaros se coman sus plantas, y por eso, colocan espantapájaros donde sus plantas crecen.

3. Los espantapájaros llevan camisas viejas, zapatos viejos, pantalones viejos y sombreros viejos.

4. El otoño es la estación en la que se ven espantapájaros porque a los pájaros les gusta alimentarse de las plantas de otoño.

¡Hora de mejorar!

Instrucciones: Vuelve a leer el párrafo que escribiste en la página 60. Busca palabras que repetiste mucho. Luego, cámbialas.

NOMBRE: _____

Instrucciones: ¿Crees que los espantapájaros dan miedo? Escribe un párrafo que exprese tu opinión. Incluye detalles que respalden tu opinión.

SEMANA 11
DÍA 1

NOMBRE: _____

Instrucciones: Coloca marcas de verificación sobre las hojas con contenido que incluirías en un párrafo de opinión sobre ser agradecido.

- Algunas personas se sienten infelices con las cosas que tienen.
- Las personas dan las gracias por muchas cosas.
- Te sientes bien cuando agradeces.
- Debes comprar muchas cosas para sentirte feliz.
- Siempre debes estar agradecido por las personas que te rodean.
- Cuando las personas hacen cosas por ti, debes agradecerles.
- Ser agradecido por las cosas que tienes es bueno.

Preescritura — Ser agradecido

NOMBRE: _____

Instrucciones: Lee el párrafo. Encierra la opinión. Luego, subraya las oraciones que respaldan la opinión.

Las personas generalmente se sienten mejor cuando son agradecidas. Tal vez no te gusta lo que hay para cenar. Te sentirás mejor cuando agradezcas que haya alimentos sobre la mesa. Puedes pensar que tienes mucha tarea. Si agradeces que puedes aprender, te sentirás mejor. En lugar de pensar que tu ropa es muy vieja, alégrate por tener ropa y te sentirás mejor. Encontrar una razón para estar agradecido te puede ayudar a sentirte bien.

Práctica de letra de molde

Instrucciones: Usa tu mejor letra de molde para escribir una oración sobre algo que te haga sentir agradecido.

_____

_____

NOMBRE: _____

Instrucciones: Corresponde cada frase con su contracción. Luego escribe una frase usando una de las contracciones.

Frases	Contracciones
de el niño	al salón
a el salón	del maestro
de el perro	al banco
a el banco	del perro
de el maestro	del niño

Oración con una contracción

_____

_____

¡Refuerza tu aprendizaje!

Una **contracción** es una versión corta de dos palabras. Así se forman las contracciones:

a + el = al
de + el = del

Ejemplo: *vamos a el mar = vamos al mar*

NOMBRE: _____

Instrucciones: Usa el símbolo # para indicar dónde deben agregarse espacios entre las palabras. Luego, escribe una oración que exprese por qué estás agradecido. Usa el espaciado correcto.

1. Cuando soy agradecido, recuerdo todaslas cosasbuenas que tengo.

2. Hay muchascosas que me hacen sentiragradecido.

3. _____
   _____

¡Refuerza tu aprendizaje!

Las palabras deben tener espacios entre ellas para que el lector pueda ver dónde comienzan y dónde terminan. Para indicar dónde debe ir el espacio, usa el símbolo #.

Ejemplo: Estoy agradecido#por mi familia.

SEMANA 11 DÍA 4

Corrección — Ser agradecido

NOMBRE: _____

Instrucciones: Repasa el párrafo. Escribe el símbolo # entre las palabras que no están espaciadas. Luego, escríbelas con un espacio en las siguientes líneas.

> Las personas generalmente sesienten mejor cuando son agradecidas. Tal vez no te gustalo que hay para cenar. Te sentirás mejorcuando agradezcas que haya alimentos sobre la mesa. Puedes pensarque tienes mucha tarea. Si agradeces quepuedes aprender, te sentirás mejor. En lugar de pensar que tu ropa esmuy vieja, alégrate por tenerropa y te sentirás mejor. Encontrar una razón para estaragradecido te puede ayudar a sentirte bien.

_____   _____

_____   _____

_____   _____

_____   _____

Esta semana, aprendí lo siguiente:

- cómo identificar la opinión y las ideas secundarias;
- que es necesario que las palabras tengan espacios entre sí

NOMBRE: _____

Instrucciones: Escribe una cosa por la que estás agradecido en la parte superior del regalo. Completa el resto del paquete indicando a quién podrías agradecerle y las maneras en que puedes dar las gracias.

SEMANA 12
DÍA 1

Preescritura
Dar las gracias

Estoy agradecido por. . .

Debería agradecer. . .

Maneras en que puedo dar las gracias. . .

SEMANA 12 DÍA 2

NOMBRE: _____

Instrucciones: ¿Cuál es la mejor manera de darle las gracias a alguien? Explica por qué es la mejor manera. Usa tus notas de la página 69 como ayuda.

_____
_____
_____
_____
_____
_____
_____
_____

¡Recuerda!

Un párrafo de opinión sólido incluye lo siguiente:

- una oración introductoria que da a conocer tu opinión
- oraciones que respaldan tu opinión
- una oración de conclusión

Práctica de letra de molde

Instrucciones: Usa tu mejor letra de molde para escribir una manera en la que te gustaría que alguien te agradezca.

_____
_____

SEMANA 12
DÍA 3

Revisión — Dar las gracias

NOMBRE: _____

Instrucciones: Lee los pronombres. Escribe el presente y el pasado del verbo *decir*. Luego, escribe dos enunciados usando los verbos del cuadro.

Pronombre	Presente	Pasado
Yo	digo	dije
Tú		
Él o Ella		
Nosotros		
Ustedes		
Ellos o Ellas		

1. _____
   _____

2. _____
   _____

¡Hora de mejorar!

Instrucciones: Repasa el borrador que escribiste en la página 70. Busca verbos irregulares, y si usaste algun verbo irregular, corrige tu escrito.

NOMBRE: _____

Instrucciones: Lee las oraciones. Encuentra palabras que tengan el espaciado incorrecto. Usa el símbolo # para corregir el espaciado.

1. Las personas pueden darlas gracias mediante unanota de agradecimiento.

2. Llevar un plato de galletas esuna buena manera de dar lasgracias.

3. Decir "gracias" es otra manerade dar las gracias.

4. Es importantedar gracias cuando alguien te haayudado.

5. Cuando demostramosque estamos agradecidos, sentimos bienestarinterior.

¡Hora de mejorar!

Instrucciones: Vuelve a leer tu borrador de la página 70. Revisa si has realizado el espaciado correcto entre todas las palabras que escribiste.

SEMANA 12
DÍA 5

NOMBRE: _____

Instrucciones: ¿Cuál es la mejor manera de dar las gracias a alguien? Explica por qué es la mejor manera.

Publicación
Dar las gracias

SEMANA 13
DÍA 1

NOMBRE: _____

Instrucciones: Coloca marcas de verificación en las nubes con palabras que podrían ser parte de un párrafo informativo/explicativo sobre las tormentas eléctricas.

- trueno
- copos de nieve
- quitanieves
- árboles caídos
- **tormentas eléctricas**
- relámpagos
- tornados
- inundación
- flores

NOMBRE: _____

Instrucciones: Lee el párrafo informativo/explicativo. Encierra la oración temática. Luego, subraya las oraciones que respaldan la oración temática.

Las tormentas eléctricas pueden ser aterradoras y peligrosas. Es mejor no salir durante una tormenta. Las lluvias intensas durante una tormenta eléctrica pueden hacer que los ríos, arroyos y lagos provoquen inundaciones. Puede haber mucho viento durante las tormentas eléctricas. El viento puede hacer que los árboles se caigan y que las ramas salgan despedidas. Los truenos son muy ruidosos. Los ruidos fuertes a menudo aterran. Puede haber impactos de relámpagos durante una tormenta y no es recomendable estar cerca. Asegúrate de no salir durante las tormentas eléctricas para estar seguro.

Práctica de letra de molde

Instrucciones: Usa tu mejor letra de molde para escribir las palabras *trueno* y *relámpago*.

_____

_____

SEMANA 13
DÍA 3

NOMBRE: _____

Instrucciones: Une cada oración temática con su oración de conclusión. Luego, elige uno de los pares de oraciones y escribe una oración con detalles relacionados que la respalden.

Oraciones temáticas	Oraciones de conclusión
Las personas se asustan mucho durante las tormentas eléctricas.	Si escuchas con atención, los sonidos te indicarán lo que está pasando.
Las tormentas eléctricas pueden ser peligrosas en algunas ocasiones.	Estos son los motivos por los que las tormentas eléctricas asustan a las personas.
Las tormentas eléctricas provocan ruidos fuertes.	Si eres cuidadoso, puedes evitar los peligros de las tormentas eléctricas.

Mi oración detallada

_____

_____

¡Refuerza tu aprendizaje!

Las oraciones temáticas y de conclusión deben expresar la misma idea. Las oraciones con detalles deben brindar más información sobre el tema.

SEMANA 13
DÍA 4

NOMBRE: _____

Instrucciones: Lee las oraciones. Encierra las palabras que están escritas con errores de ortografía. Luego, escribe las palabras correctamente en las líneas.

Corrección — Tormentas eléctricas

1. Cuendo ves relámpagos, sabs que pronto escucharás un trueno.

   _____   _____   _____

2. Puede llover mui fuerte en medio de una tormenta elétrica.

   _____   _____   _____

3. Cuadno hay relámpagos, estos hacen qe el cielo se ilumine.

   _____   _____   _____

4. El granizo es hielo qui cae del cielo durante una tormenta eléctrica.

   _____   _____   _____

¡Refuerza tu aprendizaje!

Si encuentras palabras que están escritas con errores de ortografía, enciérralas en un círculo y escribe *ORT* para que recuerdes que debes corregirlas.

Ejemplo: Las tormentas eléctricas (provcon) ORT relámpagos, lluvia (e) truenos.
ORT

SEMANA 13
DÍA 5

NOMBRE: _____

Instrucciones: Repasa el párrafo. Escribe tus propias oraciones temática y de conclusión que coincidan con los detalles del párrafo. Mientras escribes, verifica que las palabras estén escritas sin errores de ortografía.

_____

_____

Las lluvias intensas durante una tormenta eléctrica pueden hacer que los ríos, arroyos y lagos provoquen inundaciones. Puede haber mucho viento durante las tormentas eléctricas. El viento puede hacer que los árboles se caigan y que las ramas salgan despedidas. Los truenos son muy ruidosos. Los ruidos fuertes a menudo aterran. Puede haber impactos de relámpagos durante una tormenta y no es recomendable estar cerca.

_____

_____

_____

Esta semana, aprendí lo siguiente:

- que las oraciones temática y de conclusión deben ser similares
- que las oraciones con detalles deben respaldar las oraciones temática y de conclusión
- a verificar que las palabras estén escritas sin errores de ortografía

NOMBRE: _____

Instrucciones: Coloca marcas de verificación en los copos de nieve que expresan información sobre las tormentas de nieve.

- ventiscas
- sol cálido
- carreteras resbaladizas
- escuela cerrada
- temperaturas frías
- dificultad para ver afuera
- arco iris en el cielo
- nieve que hay que palear
- vientos fuertes

SEMANA 14 DÍA 2

Borrador — Tormentas de nieve

NOMBRE: _____

Instrucciones: Describe qué es una tormenta de nieve. Incluye detalles de cómo es y de los peligros que puede provocar. Usa las notas de la página 79 como ayuda.

_____
_____
_____
_____
_____
_____
_____
_____
_____
_____

¡Recuerda!

- Tus oraciones temática y de conclusión deben ser similares.
- Escribe oraciones con detalles que respalden el tema.

Práctica de letra de molde

Instrucciones: Usa tu mejor letra de molde para escribir dos actividades que puedes hacer en la nieve.

_____

NOMBRE: _____

Instrucciones: Escribe una oración temática o de conclusión que coincida con las oraciones ya escritas.

> **Oración temática:** Hay muchas cosas que puedes hacer afuera después de una tormenta de nieve.
>
> **Oración de conclusión:** _____
> _____
> _____

> **Oración temática:** _____
> _____
> _____
>
> **Oración de conclusión:** Recuerda tener cuidado cuando estés afuera durante una tormenta de nieve.

¡Hora de mejorar!

Instrucciones: Repasa el borrador que escribiste en la página 80. ¿Coinciden tus oraciones temática y de conclusión? Si no coinciden, vuelve a escribirlas.

SEMANA 14 DÍA 4

NOMBRE: _____

Instrucciones: A cada oración le falta una palabra. Usa el símbolo ∧ para agregar a cada oración la palabra más adecuada del banco de palabras.

> **Banco de palabras**
>
> íbamos   frecuentemente   de
> silenciosa   otra   allá

1. Nosotros a tomar chocolate caliente después de deslizarnos en trineo.

2. La nieve es tan cuando cae que no hace ningún sonido.

3. Mira hacia para ver el hombre de nieve que construyeron.

4. Ella recibió un nuevo sombrero su abuela.

5. Nuestra escuela cierra por el mal tiempo.

6. ¿Alguien desea galleta?

¡Hora de mejorar!

Instrucciones: Observa el borrador que escribiste en la página 80. Encierra las palabras que estén escritas con errores de ortografía o que no tengan sentido, y corrígelas.

NOMBRE: _____

Instrucciones: Describe qué es una tormenta de nieve. Incluye detalles de cómo es y de los peligros que puede provocar.

SEMANA 15
DÍA 1

NOMBRE: _____

Instrucciones: Coloca marcas de verificación en los regalos que te gustaría recibir.

Preescritura — Regalos para mí

- tren de juguete
- libros
- bloques de construcción
- juegos
- rompecabezas
- ropa
- animal de peluche
- bicicleta
- materiales de arte

NOMBRE: _____

SEMANA 15
DÍA 2

Instrucciones: Lee el párrafo narrativo. Encierra las palabras que expresan sentimientos.

Borrador
Regalos para mí

De todos los regalos que recibí en mi fiesta, yo siempre recordaré el de mi hermana pequeña. A principios del mes, mi hermana me compró un libro que sabía que me gustaría. Ella sabía que me gustaría porque tengo otros libros del mismo autor. Mi mamá dijo que mi hermana estaba muy feliz cuando trajo el libro a casa y lo envolvió. El día de la fiesta, mi hermana estaba ansiosa por darme el regalo. Mientras yo abría el regalo, mi hermana sonreía, se reía y saltaba sin parar. Me encantó el regalo, y me encantó ver a mi hermana tan feliz, emocionada y alegre.

Práctica de letra de molde

Instrucciones: Usa tu mejor letra de molde para escribir una oración sobre un regalo grandioso que hayas recibido.

_____

_____

SEMANA 15 DÍA 3

NOMBRE: _____

Instrucciones: Observa las dos situaciones. Escribe tres palabras que expresen lo que sentirías en cada una.

Revisión — Regalos para mí

Era sábado. Afuera acababa de nevar y mis padres me habían regalado un trineo nuevo.

_____
_____
_____

Faltaban seis piezas en el rompecabezas que recibí, así que tuvimos que comprar uno nuevo.

_____
_____
_____

¡Refuerza tu aprendizaje!

Las palabras que expresan sentimientos y emociones hacen que tus escritos sean más interesantes. Usa estas palabras para agregar entusiasmo a tus escritos.

NOMBRE: _____

Instrucciones: Usa el símbolo ∧ para agregar comas a las oraciones.

1. Generalmente yo recibo regalos en mi cumpleaños en Navidad y el Día de San Valentín.

2. Recibimos sombreros bufandas y mitones para el invierno.

3. Mi hermano incluyó un palo de hockey patines de hielo y un trineo a su lista de regalos.

4. Mi perro recibió huesos juguetes chirriantes y bocadillos en su cumpleaños.

5. Nuestra maestra recibe notas dibujos y abrazos en la escuela.

¡Refuerza tu aprendizaje!

Usa comas para separar tres o más elementos en una enumeración, excepto delante del último elemento.

Ejemplo: Los mejores regalos que recibí fueron un libro nuevo un juego de arte y una pelota.

SEMANA 15 — DÍA 4

Corrección
Regalos para mí

NOMBRE: _____

Instrucciones: Lee el párrafo narrativo. Luego, responde la pregunta a continuación.

De todos los regalos que recibí en Navidad, yo siempre recordaré el de mi hermana pequeña. A principios de diciembre, mi hermana me compró un libro que sabía que me gustaría. Ella sabía que me gustaría porque tengo otros libros del mismo autor. Mi mamá dijo que mi hermana estaba muy feliz cuando trajo el libro a casa, lo envolvió y lo colocó debajo del árbol. El día de Navidad, mi hermana estaba ansiosa por darme el regalo. Mientras yo abría el regalo, mi hermana sonreía, se reía y saltaba sin parar. Me encantó el regalo, y me encantó ver a mi hermana tan feliz, emocionada y alegre.

1. ¿Hace el autor un buen uso de palabras que expresan sentimientos? Explica.

_____
_____

Esta semana, aprendí lo siguiente:

- a agregar comas en una serie de tres o más elementos
- a incluir palabras que expresan sentimientos

SEMANA 16
DÍA 1

NOMBRE: _____

Instrucciones: Escribe el nombre de dos personas que hayan recibido regalos de tu parte. Luego, escribe palabras que expresen cómo te sentiste cuando entregaste los regalos.

Preescritura
Dar a otros

A:

Le regalé:

Cómo me sentí cuando le di el regalo:

_____

A:

Le regalé:

Cómo me sentí cuando le di el regalo:

_____

SEMANA 16
DÍA 2

NOMBRE: _____

Instrucciones: Piensa en cuando le diste un regalo a alguien. Redacta una narración sobre qué era el regalo, cómo lo elegiste y cómo reaccionó la persona al abrirlo. Usa tus notas de la página 89 como ayuda.

_____
_____
_____
_____
_____
_____
_____
_____

¡Recuerda!

Un párrafo narrativo sólido incluye una introducción, un desarrollo y un final.

Práctica de letra de molde

Instrucciones: Usa tu mejor letra de molde para escribir por qué te gusta dar regalos.

_____
_____

NOMBRE: _____

Instrucciones: Es importante usar palabras que expresen sentimientos en una narración. Escribe las palabras del banco de palabras que expresan sentimientos en las casillas correspondientes a continuación.

> **Banco de palabras que expresan sentimientos**
>
> | | | | |
> |---|---|---|---|
> | deseoso | alegre | apreciativo | satisfecho |
> | ansioso | encantado | gustoso | entusiasmado |
> | animado | complacido | ilusionado | energizado |

Feliz

Emocionado

Agradecido

¡Hora de mejorar!

Instrucciones: Vuelve a leer tu borrador de la página 90. Agrega palabras que expresen sentimientos diferentes para ayudar a que el lector comprenda tus emociones.

NOMBRE: _____

Instrucciones: Lee las oraciones. Usa el símbolo ∧ para agregar comas a las oraciones.

1. Mi amiga recibió juegos rompecabezas y libros en su cumpleaños.

2. Debemos preparar las invitaciones la merienda y los juegos para la fiesta.

3. Mi abuela dice que los mejores regalos son los abrazos las sonrisas y los mimos.

4. Estoy ansioso por dar los regalos a mi amigo a mi papá y a mi hermana.

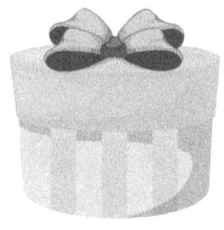    

¡Recuerda!

Coloca comas en una serie de tres o más elementos.

¡Hora de mejorar!

Instrucciones: Regresa al borrador que escribiste en la página 90. Busca lugares donde podrían estar faltando comas. Agrega comas donde sea necesario.

SEMANA 16 DÍA 5

NOMBRE: _____

Instrucciones: Piensa en una ocasión en la que le hayas dado un regalo a alguien. Escribe una narración sobre qué era el regalo, cómo lo elegiste y cómo reaccionó la persona al abrirlo.

Publicación

Dar a otros

SEMANA 17 DÍA 1

NOMBRE: _____

Instrucciones: Cada una de las imágenes a continuación puede usarse para construir un hombre de nieve. Rotula cada imagen.

1. _____ 2. _____

3. _____ 4. _____

5. _____ 6. _____

NOMBRE: _____

Instrucciones: La narración a continuación está desordenada. Escribe números delante de las oraciones para indicar el orden correcto. **Nota:** La primera y la última oración están en el lugar correcto.

Acababa de dejar de nevar y mi amigo vino a jugar. ____Era un gran día para construir un hombre de nieve. ____Buscamos una zanahoria y mi mamá nos dio botones grandes que usamos para hacer la nariz, los ojos y la boca. ____Hicimos una pequeña bola de nieve para la cabeza del hombre de nieve. ____Hicimos una bola de nieve grande y la colocamos en el centro del patio. ____Buscamos palos para los brazos, una bufanda y un sombrero viejos. ____ Hicimos una bola de nieve mediana y la colocamos sobre la bola de nieve grande. ____Nos abrigamos y fuimos afuera para comenzar. Luego, volvimos adentro y bebimos chocolate caliente mientras observábamos nuestro hombre de nieve.

Práctica de letra de molde

Instrucciones: Usa tu mejor letra de molde para escribir las palabras *hombre de nieve* y *frío*.

_____

_____

SEMANA 17
DÍA 3

NOMBRE: _____

Instrucciones: Observa las imágenes. Escribe dos verbos diferentes para indicar qué está pasando en cada una. Elige una imagen y, a continuación, escribe una oración sobre lo que está pasando. Encierra el verbo de tu oración.

Revisión — Construcción de hombres de nieve

_____
_____

_____
_____

Mi oración sobre la actividad de invierno

_____
_____

¡Refuerza tu aprendizaje!

Usa una variedad de verbos de acción en tus escritos como ayuda para expresar lo que está pasando.

NOMBRE: _____

Instrucciones: Lee el párrafo. Las palabras conectoras no están escritas correctamente. Usa el símbolo ⌐ℓ para eliminarlas. Luego, escríbelas correctamente encima de ellas.

Pasamos mucho tiempo jugando afuera. Cuando entramos, teníamos hambre y queríamos un refrigerio. Pimero, nos quitamos la ropa para la nieve y la colgamos para que se secara. Segando, buscamos algo para el refrigerio en la encimera. Tircero, decidimos hacer chocolate caliente. Cuato, pusimos leche en un tazón. En quito lugar, calentamos la leche. Nuestra sesta tarea fue revolver el cacao en polvo en la leche caliente. En séptamo lugar, le agregamos malvaviscos. En otavo lugar, disfrutamos de una sabrosa taza de chocolate.

¡Refuerza tu aprendizaje!

Las palabras conectoras escritas correctamente ayudan a que el lector sepa cuándo ocurren los acontecimientos en una historia.

SEMANA 17 DÍA 5

NOMBRE: _____

Instrucciones: Repasa el párrafo narrativo. Luego, responde la pregunta.

Acababa de dejar de nevar y mi amigo vino a jugar. Era un gran día para construir un hombre de nieve. Nos abrigamos y fuimos afuera para comenzar. Hicimos una bola de nieve grande y la colocamos en el centro del patio. Hicimos una bola de nieve mediana y la colocamos sobre la bola de nieve grande. Hicimos una pequeña bola de nieve para la cabeza del hombre de nieve. Buscamos una zanahoria y mi mamá nos dio botones grandes que usamos para hacer la nariz, los ojos y la boca. Buscamos palos para los brazos, una bufanda y un sombrero viejos. Luego, volvimos adentro y bebimos chocolate caliente mientras observábamos nuestro hombre de nieve.

1. ¿Qué hace que este párrafo sea una narración sólida?

_____

_____

_____

Esta semana, aprendí lo siguiente:

- que las palabras conectoras deben estar escritas correctamente
- a usar verbos de acción interesantes como ayuda para contar una historia.

SEMANA 18
DÍA 1

NOMBRE: _____

Instrucciones: Haz una lluvia de ideas para escribir una narración sobre el deslizamiento en trineo.

Preescritura — Trineo

- Trineo
- Ropa que se debe usar para el deslizamiento en trineo
- Los mejores lugares para deslizarse en trineo
- Lo que hago cuando me deslizo en trineo

SEMANA 18
DÍA 2

NOMBRE: _____

Instrucciones: Describe una ocasión en la que te hayas deslizado en trineo o cómo crees que se sentiría deslizarse en trineo. Incluye detalles sobre el día. Usa tus notas de la página 99 como ayuda.

_____
_____
_____
_____
_____
_____
_____
_____
_____

> **¡Recuerda!**
>
> Un párrafo narrativo sólido cuenta una historia con una introducción, un desarrollo y un final.

Práctica de letra de molde

Instrucciones: Usa tu mejor letra de molde para describir qué se sentiría al deslizarse en trineo.

_____
_____

NOMBRE: _____

SEMANA 18
DÍA 3

Instrucciones: Escribe verbos de acción alrededor de la imagen para indicar lo que está pasando. Luego, escribe una oración sobre el deslizamiento en trineo en la que uses al menos dos de los verbos de acción que escribiste.

Revisión

Trineo

Mi oración sobre el deslizamiento en trineo

_____
_____
_____

¡Hora de mejorar!

Instrucciones: Vuelve a leer el borrador que escribiste en la página 100. Busca espacios en los que podrías agregar verbos de acción interesantes. Escríbelos en tu historia.

SEMANA 18 DÍA 4

NOMBRE: _____

Instrucciones: Lee las oraciones. Las palabras conectoras no están escritas correctamente. Usa el símbolo ✍ para eliminarlas. Escribe las palabras correctas encima de ellas.

1. Pimero, me cepillé los dientes.

2. Luogo, mi hermana nos preparó el desayuno.

3. Despoés, nos pusimos ropa abrigada.

4. A continuacción, fuimos al parque.

5. Finalmeente, nos divertimos deslizándonos en trineo.

¡Recuerda!

Es importante escribir correctamente las palabras conectoras.

¡Hora de mejorar!

Instrucciones: Repasa el párrafo que escribiste en la página 100. Verifica si usaste palabras conectoras. Si no están escritas correctamente, corrígelas.

SEMANA 18
DÍA 5

NOMBRE: _____

Instrucciones: Describe una ocasión en la que te hayas deslizado en trineo o cómo crees que se sentiría deslizarse en trineo. Incluye detalles sobre el día.

Publicación

Trineo

_____
_____
_____
_____
_____
_____
_____
_____
_____
_____
_____
_____
_____
_____

NOMBRE: _____

Instrucciones: Coloca marcas de verificación en los círculos con contenido que podría ser parte de un párrafo informativo/explicativo sobre las cebras.

- Las cebras viven en África.
- Cada cebra tiene un patrón de rayas diferente.
- Las cebras jóvenes son potrillos.
- Los elefantes bebé son grandes.
- Las cebras están estrechamente relacionadas con los caballos y los asnos.
- Las cebras son herbívoras; comen plantas.
- Un grupo de cebras se denomina manada.
- La mascota de un equipo de béisbol es un tigre.

NOMBRE: _____

Instrucciones: Lee el párrafo. Subraya la oración temática y la oración de conclusión. Tacha las oraciones que no respalden el tema de las cebras.

    Hay muchas cosas que puedes aprender sobre las cebras. Las cebras viven en África. El clima es muy caluroso y seco en África. Les gusta estar en grupos familiares llamados manadas. Las manadas viajan juntas para buscar césped para comer y agua para beber. Las cabras bebés pueden pararse apenas unas horas después de haber nacido. Las cebras usan los dientes para morder y masticar el césped. Las jirafas tienen cuellos muy largos. Los dientes de las cebras siguen creciendo durante el resto de la vida. Las rayas de cada cebra tienen un patrón diferente. No hay dos cebras que tengan el mismo patrón de rayas. ¿Sabías todos estos datos sobre las cebras?

Práctica de letra de molde

Instrucciones: Usa tu mejor letra de molde para escribir una oración sobre las cebras.

SEMANA 19
DÍA 3

NOMBRE: _____

Instrucciones: Lee la oración original. Haz una lista de adjetivos sobre las cebras. Usa los adjetivos para volver a escribir la oración.

Oración original

Las cebras tienen rayas.

Adjetivos sobre las cebras

_____   _____

_____   _____

_____   _____

_____   _____

Mi oración nueva y mejorada

_____

_____

_____

¡Recuerda!

Usa adjetivos para darle vivacidad a tus escritos.

NOMBRE: _____

Instrucciones: Lee cada una de las siguientes listas y encuentra las palabras que no pertenecen al grupo. Usa el símbolo ⌒ para indicar qué palabras deben eliminarse.

1. océanos, ríos, lagos, casas, arroyos, aeropuertos

2. desiertos, crayones, bosques, leones, montañas, junglas

3. ciudad, caballo, aldea, pueblo, comunidad, libro

4. hermano, pizza, sobrina, autobús, tía, abuela

5. plátanos, manzanas, naranjas, computadoras, uvas, lápices

¡Refuerza tu aprendizaje!

Cuando estás escribiendo, tus ideas deben ser sobre el mismo tema. Elimina palabras u oraciones que no se relacionen con el tema.

Ejemplo: Mi mamá vio elefantes, cebras, ~~un bolso nuevo~~ y jirafas en un safari en África.

SEMANA 19 DÍA 5

NOMBRE: _____

Instrucciones: Repasa el párrafo. Luego, responde la pregunta.

Hay muchas cosas que puedes aprender sobre las cebras. Las cebras viven en África. El clima es muy caluroso y seco en África. Les gusta estar en grupos familiares llamados manadas. Las manadas viajan juntas para buscar césped para comer y agua para beber. Las cabras bebés pueden pararse apenas unas horas después de haber nacido. Las cebras tienen dientes filosos para morder y masticar el césped. Las jirafas tienen cuellos muy largos. Los dientes de las cebras siguen creciendo durante el resto de la vida. Las rayas de cada cebra forman un patrón único. No hay dos cebras que tengan el mismo patrón de rayas. ¿Sabías todos estos datos sobre las cebras?

1. ¿Se mantiene el párrafo dentro del tema? ¿Cómo lo sabes?

_____

_____

Esta semana, aprendí lo siguiente:

- que las oraciones con detalles deben respaldar el tema
- a generar más vivacidad en mis escritos mediante el uso de adjetivos
- cómo eliminar palabras y oraciones que no se relacionan con el tema

NOMBRE: _____

Instrucciones: Coloca marcas de verificación en los témpanos de hielo que tienen datos sobre los pingüinos.

- Los pingüinos viven en lugares donde hace mucho frío.
- Puedes encontrar pingüinos en el agua, pero no en el cielo.
- Los pingüinos son aves hermosas de color blanco y negro.
- Es divertido ver cómo se mueven los pingüinos.
- Cada pareja de pingüinos tiene una o dos crías al año.
- Los pingüinos pueden nadar, pero no pueden volar.

SEMANA 20 DÍA 2

NOMBRE: _____

Instrucciones: Redacta el borrador de un párrafo sobre los pingüinos. Incluye datos sobre el lugar donde viven y las características físicas. Usa tus notas de la página 109 como ayuda.

_____
_____
_____
_____
_____
_____
_____
_____
_____

> **¡Recuerda!**
>
> Un párrafo informativo/explicativo sólido incluye lo siguiente:
>
> - una oración introductoria y una oración de conclusión
> - detalles que respaldan la idea principal

Práctica de letra de molde

Instrucciones: Usa tu mejor letra de molde para escribir un dato que hayas aprendido sobre los pingüinos.

_____
_____

SEMANA 20
DÍA 3

NOMBRE: _____

Instrucciones: Mira la imagen. Haz una lista con seis adjetivos que describan a los pingüinos. Luego, escribe una oración sobre los pingüinos usando los adjetivos de tu lista.

Revisión
Pingüinos

Mi lista de adjetivos

_____   _____

_____   _____

_____   _____

Mi oración sobre los pingüinos

1. _____

   _____

¡Hora de mejorar!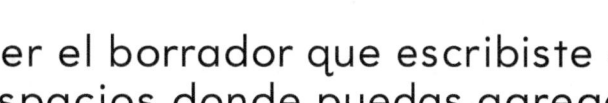

Instrucciones: Vuelve a leer el borrador que escribiste en la página 110. Encuentra espacios donde puedas agregar adjetivos para que tus escritos sean más emocionantes.

SEMANA 20 DÍA 4

Corrección — Pingüinos

NOMBRE: _____

Instrucciones: Lee las oraciones. Busca lugares donde las palabras no estén en el orden correcto. Usa el símbolo ⁀ para indicar el orden correcto. Se incluye el primer ejemplo.

1. Los pingüinos pueden ser ⁀juguetones muy⁀.

2. Los pingüinos pasan tiempo el en agua y en tierra firme.

3. Los padres pingüinos cuidan huevos los durante el invierno.

4. Las crías de pingüinos se quedan sus con padres durante cerca de seis meses.

¡Hora de mejorar!

Instrucciones: Vuelve a leer el borrador que escribiste en la página 110. Verifica que todas las palabras en las oraciones estén en el orden correcto. Usa el símbolo ⁀ para indicar que quieres cambiar el orden de las palabras.

NOMBRE: _____

Instrucciones: Escribe un párrafo sobre los pingüinos. Incluye datos sobre el lugar donde viven y sus características físicas.

SEMANA 21
DÍA 1

NOMBRE: _____

Instrucciones: Une cada persona con el detalle que la hizo famosa.

Personas importantes	Detalle
Thomas Edison	decimosexto presidente de los Estados Unidos; ayudó a eliminar la esclavitud
Amelia Earhart	inventor de la cámara para películas cinematográficas y la bombilla eléctrica
Abraham Lincoln	primera niña afroamericana de Luisiana en asistir a una escuela para blancos
Ruby Bridges	primera mujer piloto en volar sola sobre el océano Atlántico

NOMBRE: _____

Instrucciones: Lee el párrafo. Encierra el enunciado que exprese una opinión. Subraya los nombres de las personas importantes.

Todos deberían aprender más acerca de estos grandiosos estadounidenses. Estos son algunos de los mejores. Thomas Edison fue un inventor. Él inventó muchas cosas. Amelia Earhart fue una piloto que le encantaba volar. Abraham Lincoln luchó para que el pueblo estadounidense tuviera una mejor vida. Ruby Bridges fue valiente cuando ayudó a cambiar las escuelas. Es interesante saber sobre estas personas importantes y las cosas que hicieron.

Práctica de letra de molde

Instrucciones: Usa tu mejor letra de molde para escribir una oración sobre una de las personas mencionadas anteriormente.

_____

_____

NOMBRE: _____

Instrucciones: Lee los enunciados. Escribe una *D* al lado de los datos reales y una *O* al lado de las opiniones. Luego, escribe enunciados de opinión sobre dos personas importantes en las líneas a continuación.

____ Helen Keller aprendió a comunicarse a pesar de que era ciega y sorda.

____ Creo que Martin Luther King Jr. fue un grandioso estadounidense.

____ Lo mejor de George Washington es que fue el primer presidente.

____ Martin Luther King Jr. ayudó a cambiar la manera en que eran tratadas las personas.

____ Sally Ride fue la primera mujer estadounidense que viajó al espacio.

Mis opiniones

1. _____
   _____
   _____

2. _____
   _____
   _____

NOMBRE: _____

Instrucciones: Usa el símbolo ∧ para agregar palabras a las oraciones y transformarlas en opiniones.

1. Dr. Seuss es un escritor estadounidense que escribió más de 60 libros.

2. Shaquille O'Neil es muy conocido por jugar baloncesto.

3. El avión fue un invento de los estadounidenses Orville y Wilber Wright.

¡Refuerza tu aprendizaje!

Al escribir un enunciado de opinión, debes usar palabras que expresen tu opinión.

Ejemplo: Alexander Graham Bell es conocido como el inventor del teléfono.
                              ∧
, el estadounidense más grandioso,

SEMANA 21 DÍA 5

NOMBRE: _____

Instrucciones: Repasa el párrafo. Agrega oraciones que den más información sobre las personas importantes.

> Todos deberían aprender más acerca de estos estadounidenses grandiosos. Thomas Edison fue un inventor. _____ _____
>
> Amelia Earhart fue una piloto que le encantaba volar. _____ _____
>
> Abraham Lincoln luchó para que el pueblo estadounidense tuviera una mejor vida. _____ _____
>
> Ruby Bridges fue valiente cuando ayudó a cambiar las escuela. _____ _____
>
> Es interesante saber sobre estas personas importantes.

Esta semana, aprendí lo siguiente:

- cómo identificar opiniones y datos reales
- cómo incluir más información en mis escritos

SEMANA 22
DÍA 1

NOMBRE: _____

Instrucciones: Lee los datos sobre estos dos lugares. Piensa qué lugar te gustaría visitar. Escribe tu opinión a continuación.

Datos sobre el Monte Rushmore

- ubicado en Dakota del Sur
- tiene los rostros de cuatro presidentes estadounidenses tallados en piedra
- hay muchas oportunidades para hacer senderismo y explorar los alrededores
- las esculturas se terminaron en 1941

Datos sobre el *U.S.S. Constitution*

- se encuentra en Boston, MA
- es el buque de guerra estadounidense más antiguo que todavía se mantiene a flote
- navegó por primera vez en 1797
- hay muchos otros lugares históricos que pueden visitarse a pie desde el *U.S.S. Constitution*

Mi opinión sobre qué lugar me gustaría visitar. . .

_____
_____
_____

Preescritura — Lugares importantes

NOMBRE: _____

Instrucciones: Escribe un párrafo sobre un lugar que sea importante para ti. Incluye detalles tales como dónde se encuentra. Usa las ideas de la página 119 como ayuda.

_____
_____
_____
_____
_____
_____
_____
_____
_____

¡Recuerda!

Un párrafo de opinión sólido incluye lo siguiente:

- una oración introductoria y una oración de conclusión que dan a conocer tu opinión
- motivos que respaldan la opinión
- mayúscula inicial para los nombres propios de lugares específicos.

Práctica de letra de molde

Instrucciones: Usa tu mejor letra de molde para escribir los nombres de dos lugares importantes.

_____
_____

NOMBRE: _____

Instrucciones: Lee las oraciones. Encierra las palabras que te permiten saber que cada enunciado expresa una opinión.

1. Prefiero ir al zoológico de nuestra ciudad.

2. Creo que el mejor lugar para visitar es Boston, MA.

3. Lo mejor de mi ciudad es el carnaval de cada año.

4. Todos deberían ir de vacaciones a California.

5. Es mejor ir a Washington D. C. que a Florida.

¡Hora de mejorar!

Instrucciones: Vuelve a leer el borrador que escribiste en la página 120. Busca dónde debes agregar enunciados de opinión. Usa el símbolo ∧ para indicar dónde quieres agregar tus nuevos enunciados de opinión.

SEMANA 22
DÍA 4

NOMBRE: _____

Instrucciones: Usa el símbolo ≡ para indicar dónde se necesitan mayúsculas en las siguientes oraciones.

1. Nuestra construcción preferida de washington D. C. es el monumento a washington.

2. Nosotros creemos que la iglesia old north church fue el lugar más interesante de boston para visitar.

3. Los grandes árboles secuoya en el parque nacional de yosemite son una atracción divertida.

4. Mi familia cree que nuestro viaje al gran cañón fue el mejor viaje que hemos hecho.

5. Todos deberían ir a el álamo en texas.

6. Mis vacaciones preferidas fueron las que pasamos en el monte rushmore.

¡Recuerda!

Los nombres propios de los lugares específicos deben tener mayúscula inicial.

¡Hora de mejorar!

Instrucciones: Vuelve a leer tu borrador de la página 120. Verifica que hayas usado mayúscula inicial para los nombres propios de lugares específicos.

SEMANA 22
DÍA 5

NOMBRE: _____

Instrucciones: Escribe un párrafo sobre un lugar que sea importante para ti. Incluye detalles tales como dónde se encuentra.

Publicación
Lugares importantes

_____
_____
_____
_____
_____
_____
_____
_____
_____
_____
_____
_____
_____

SEMANA 23
DÍA 1

NOMBRE: _____

Instrucciones: Encierra los elementos que sean parte de la historia *Caperucita Roja*.

Escenario

bosque   ciudad   pueblo   selva   desierto   playa

Personajes

oso   abuela   madre   bruja
cazador   niña pequeña   lobo   hada

Utilería

caperuza roja   canasta   comida   piedras   flores

NOMBRE: _____

Instrucciones: Lee esta versión de *Caperucita Roja*. Subraya los momentos de la historia en los que las personas están hablando.

Había una vez una niña llamada Caperucita Roja que todos los días usaba sudaderas rojas con capucha. Una tarde, su madre le dijo:

—Por favor, llévale esta cena a tu abuela.

Mientras va en bicicleta hacia la casa de su abuela, se encuentra con una mujer.

—¿Qué hay en tu canasta? —pregunta la mujer.

—Es la cena para mi abuela —Caperucita Roja le responde. La señora pregunta dónde vive su abuela, Caperucita Roja le responde y ambas continúan su camino.

Caperucita Roja llega a la casa y se encuentra con la mujer que había conocido en el camino. Caperucita Roja pregunta:

—¿Dónde está mi abuela?

Práctica de letra de molde

Instrucciones: Escribe las palabras: *Caperucita Roja*.

SEMANA 23 DÍA 3

NOMBRE: _____

Instrucciones: Lee los finales clásicos de estos cuentos. Escribe un final diferente para cada uno.

Revisión — Caperucita Roja

Los tres cerditos

Final clásico del cuento: El lobo no puede derribar la casa hecha de ladrillo, y los tres cerditos están a salvo.

Final moderno del cuento: _____

_____

_____

La gallina roja

Final clásico del cuento: Todos los animales que antes se negaron, ahora quieren ayudar a la gallina roja a comer el pan, pero ella les dice: "¡No, no! Lo haré yo".

Final moderno del cuento: _____

_____

_____

¡Refuerza tu aprendizaje!

Los finales de los cuentos deben tener las soluciones a los problemas e informar a los lectores qué les ocurre a los personajes.

SEMANA 23 DÍA 4

Corrección — Caperucita Roja

NOMBRE: _____

Instrucciones: Usa el símbolo ∨ para agregar rayas de diálogo a las oraciones.

1. La anciana dijo:
   ¡Voy a atrapar esa galleta fugitiva!

2. Estamos buscando a alguien que nos ayude a hornear el pan, dijeron los animales.

· ·

Instrucciones: Encierra la oración en la que se usó correctamente la raya de diálogo.

Ricitos de Oro dijo:

—Esta silla es demasiado blanda.

El lobo golpeó la puerta de la casa y les dijo a los tres cerditos:

¡Déjenme pasar!

¡Refuerza tu aprendizaje!

Usa rayas de diálogo para indicar cuándo alguien está hablando.

Ejemplo: La liebre le dijo a la tortuga:
∨¡Voy a ganar la carrera!

NOMBRE: _____

Instrucciones: Vuelve a leer la última parte de *Caperucita Roja*. Escribe tu propio final para esta versión del cuento.

—Es la cena para mi abuela —Caperucita Roja le responde. La señora pregunta dónde vive su abuela, Caperucita Roja le responde y ambas continúan su camino.

Caperucita Roja llega a la casa y se encuentra con la mujer que había conocido en el camino. Caperucita Roja pregunta:

—¿Dónde está mi abuela?

_____
_____
_____
_____

Esta semana, aprendí lo siguiente:

- que las rayas de diálogo indican lo que dicen los personajes
- que un cuento necesita un final que indique cómo se resuelven los problemas de la historia

NOMBRE: _____

SEMANA 24 DÍA 1

Instrucciones: Haz una lluvia de ideas para los personajes, el escenario y los acontecimientos de tu propia versión de *Ricitos de Oro y los tres osos*.

Ricitos de Oro y los tres osos	
Cuento clásico	**Historia moderna**
Personajes Ricitos de Oro Mamá osa Papá oso Osito	**Personajes**
Escenario Cabaña Verano Bosque	**Escenario**
Argumento La sopa de los osos está demasiado caliente y entonces salen a caminar. Ricitos de Oro visita la casa de los osos y bebe su sopa, rompe una silla y se queda dormida. Los osos regresan a su hogar y encuentran mucho desorden y a Ricitos de Oro dormida. Ricitos de Oro se escapa de la casa de los osos.	**Argumento**

Preescritura
Ricitos de Oro y los tres osos

Instrucciones: Redacta un borrador de la versión moderna de *Ricitos de Oro y los tres osos*. Incluye diálogos y un final convincente. Usa tus notas de la página 129 como ayuda.

___

¡Recuerda!

Un párrafo narrativo sólido tiene las siguientes características:

- incluye una oración introductoria y una oración de conclusión
- emplea detalles sensoriales para describir la experiencia
- parece una historia

Práctica de letra de molde

Instrucciones: Usa tu mejor letra de molde para escribir los nombres de dos personajes de tu historia.

___

NOMBRE: _____

Instrucciones: Cuenta qué está haciendo cada uno de los personajes al final de tu historia. Usa la información para escribir una oración de conclusión sólida para tu historia.

Mi versión moderna de *Ricitos de Oro y los tres osos*	
Personajes	**¿Qué están haciendo al final de la historia?**

Mi oración de conclusión:

_____

_____

_____

¡Hora de mejorar!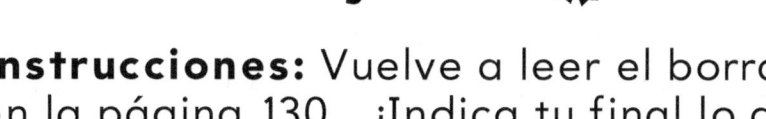

Instrucciones: Vuelve a leer el borrador que escribiste en la página 130. ¿Indica tu final lo que están haciendo todos los personajes? Agrega más información a tu conclusión, si es necesario.

SEMANA 24 DÍA 4

NOMBRE: _____

Instrucciones: Usa el símbolo ∨ para agregar rayas de diálogo a las respuestas.

Pregunta: ¿Cuál es tu cuento de hadas preferido?

Respuesta: Jordan me dijo:
Mi cuento de hadas preferido es *El hombre de jengibre.*

Pregunta: ¿Por qué crees que Ricitos de Oro entra a la casa de los osos?

Respuesta: Creo que Ricitos de Oro tiene frío, entonces entra a la casa de los osos para calentarse, respondió Emily.

Pregunta: ¿Qué crees que deben hacer los osos cuando encuentran a Ricitos de Oro dormida?

Respuesta: Cally dice:
Creo que los osos deberían dejar que Ricitos de Oro se despierte de su siesta y darle la merienda.

¡Hora de mejorar!

Instrucciones: Vuelve a leer el borrador que escribiste en la página 130. Verifica si usaste correctamente las rayas de diálogo.

SEMANA 24
DÍA 5

NOMBRE: _____

Instrucciones: Escribe una versión moderna de *Ricitos de Oro y los tres osos*. Incluye diálogos y un final convincente.

Publicación

Ricitos de Oro y los tres osos

SEMANA 25
DÍA 1

NOMBRE: _____

Instrucciones: Coloca marcas de verificación en los nenúfares que tienen datos sobre el aspecto de las ranas.

Ranas

- Las ranas son viscosas.
- Las ranas arbóreas tienen ventosas en las patas.
- Algunas ranas tienen manchas en la piel.
- Todos piensan que las ranas son adorables.
- Las ranas que viven en el agua tienen patas palmeadas.
- Las ranas tienen ojos grandes.
- A veces, las personas confunden los sapos con las ranas.
- Las ranas son de tonalidades verdes.

Preescritura — Ranas

NOMBRE: _____

Instrucciones: Lee el párrafo. Subraya las oraciones que describen el aspecto de las ranas.

No todas las ranas tienen el mismo aspecto. Las ranas pueden ser de diferentes colores. Algunas ranas son verdes o marrones para camuflarse con su entorno. Las ranas comienzan su vida como renacuajos. Las ranas punta de flecha son coloridas para que los depredadores sepan que deben mantenerse alejados. Los tamaños de las ranas varían entre menos de una pulgada (2.54 centímetros) a más de 12 pulgadas (30 centímetros) de largo. Hay muchas ranas en peligro de extinción en el mundo. La mayoría de las ranas tienen ojos grandes que les permiten ver todo lo que hay a su alrededor. Algunas personas creen una rana se convertirá en príncipe después de recibir un beso. Las ranas tienen diferentes tipos de patas. Las patas palmeadas permiten que las ranas que viven en el agua puedan nadar. Las ventosas en todos los dedos permiten que las ranas puedan trepar. Las diferentes apariencias de las ranas hacen que sean interesantes.

Práctica de letra de molde

Instrucciones: Usa tu mejor letra de molde para escribir las palabras *rana toro*, *rana arbórea*, *rana goliat* y *rana punta de flecha*.

_____

_____

SEMANA 25
DÍA 3

NOMBRE: _____

Instrucciones: Agrega adjetivos a cada sustantivo. Luego, selecciona un sustantivo y escribe una oración descriptiva sobre las ranas.

- ojos _____
- orejas _____
- **Ranas**
- piel _____
- tamaño _____
- patas _____

Mi oración descriptiva sobre las ranas

_____

_____

¡Recuerda!

Usa adjetivos cuando escribes para crear imágenes vívidas para el lector.

SEMANA 25 DÍA 4

NOMBRE: _____

Instrucciones: Lee las oraciones. Usa el símbolo / de minúsculas para indicar qué letras mayúsculas deben estar en minúsculas.

1. Las Patas traseras fuertes y las patas Palmeadas Permiten que las ranas naden.

2. Las ranas Ayudan a los seres humanos porque las Ranas comen Insectos.

3. Cada especie de rana Emite su propio sonido Especial.

4. Los renacuajos Atraviesan varias Etapas antes de convertirse en ranas Adultas.

5. Las ventosas en todos los dedos permiten que las Ranas arbóreas puedan trepar.

¡Refuerza tu aprendizaje!

Ten en cuenta que la primera palabra en una oración y los sustantivos propios (sustantivos que nombran personas, lugares o cosas) deben llevar mayúscula inicial.

Ejemplo: Las C/rías de las ranas se L/laman renacuajos.

SEMANA 25
DÍA 5

NOMBRE: _____

Publicación — Ranas

Instrucciones: Lee el párrafo informativo/explicativo. Luego, responde la pregunta a continuación.

No todas las ranas tienen el mismo aspecto. Las ranas pueden ser de diferentes colores. Algunas ranas son verdes o marrones para camuflarse con su entorno. Las ranas comienzan su vida como renacuajos. Las ranas punta de flecha son coloridas para que los depredadores sepan que deben mantenerse alejados. Los tamaños de las ranas varían entre menos de una pulgada (2.54 centímetros) a más de 12 pulgadas (30 centímetros) de largo. Hay muchas ranas en peligro de extinción en el mundo. La mayoría de las ranas tienen ojos grandes que les permiten ver todo lo que hay a su alrededor. Algunas personas creen que una rana se convertirá en príncipe después de recibir un beso. Las ranas tienen diferentes tipos de patas. Las patas palmeadas permiten que las ranas que viven en el agua puedan nadar. Las ventosas en todos los dedos permiten que las ranas puedan trepar. Las diferentes apariencias de las ranas hacen que sean interesantes.

1. ¿Se mantiene el párrafo dentro del tema? Explica.

_____

_____

Esta semana, aprendí lo siguiente:

- que las oraciones con detalles deben estar relacionadas con el tema
- que usar adjetivos puede hacer que los escritos sean más vivaces
- que deben usarse mayúsculas al comienzo de las oraciones y en los sustantivos propios

NOMBRE: _____

Instrucciones: Encierra las tortugas que tienen información que podría incluirse en un párrafo informativo/explicativo sobre las tortugas.

SEMANA 26 DÍA 2

NOMBRE: _____

Instrucciones: Describe el aspecto de las tortugas. Brinda detalles descriptivos empleando diversos adjetivos. Usa las notas de la página 139 como ayuda.

_____
_____
_____
_____
_____
_____
_____
_____
_____

¡Recuerda!

Un párrafo informativo/explicativo sólido incluye lo siguiente:

- información relevante únicamente
- una oración introductoria y una oración de conclusión
- detalles que respaldan el tema

Práctica de letra de molde

Instrucciones: Usa tu mejor letra de molde para escribir el nombre de un lugar donde hayas visto una tortuga.

_____

NOMBRE: _____

Instrucciones: Observa la tortuga. Haz una lluvia de ideas para describirla. Luego, escribe una oración sobre las tortugas empleando los adjetivos de tu lista.

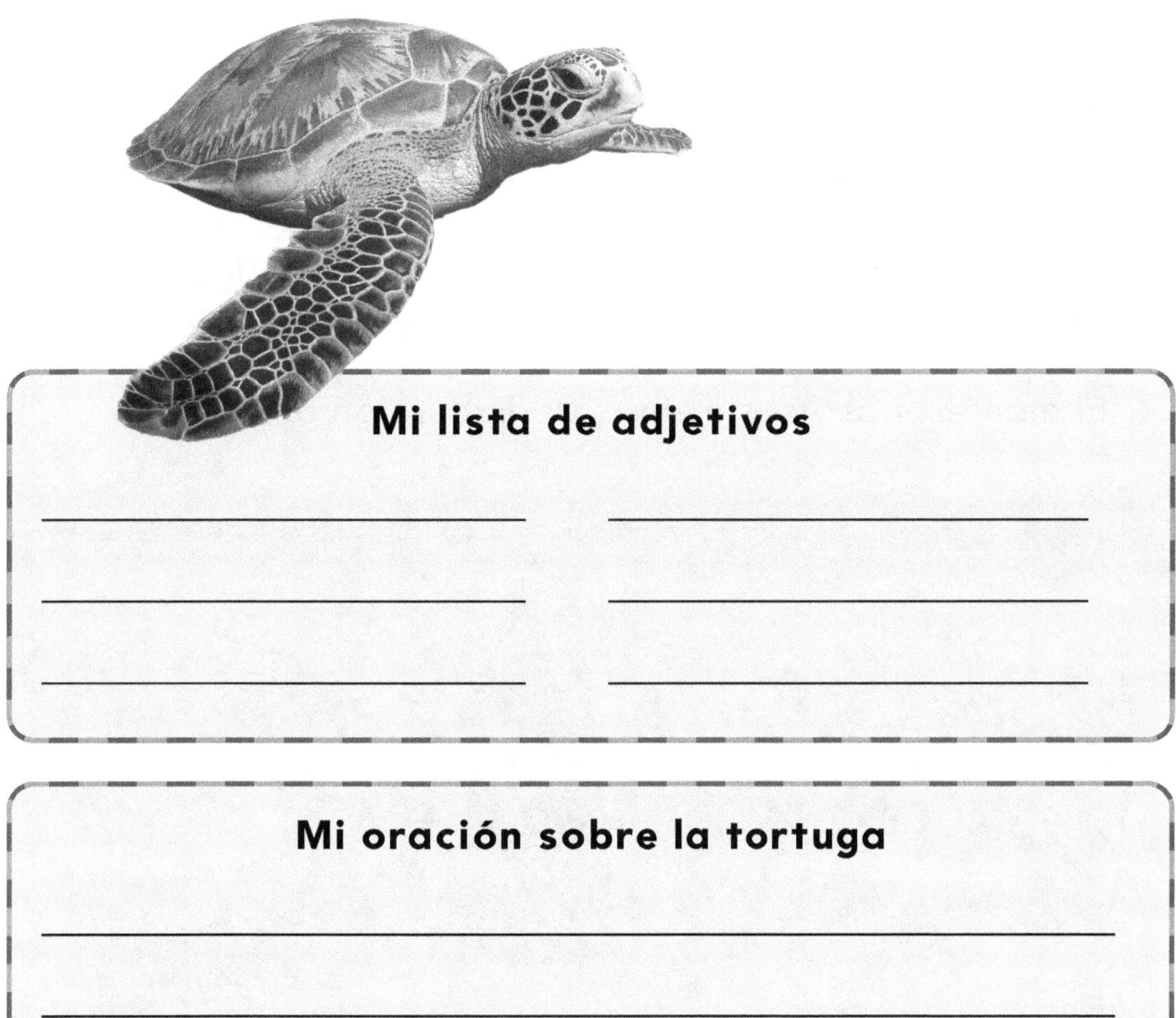

Mi lista de adjetivos

_____   _____

_____   _____

_____   _____

Mi oración sobre la tortuga

_____

_____

_____

¡Hora de mejorar!

Instrucciones: Repasa el borrador que escribiste en la página 140. ¿Usaste adjetivos diferentes? Agrega nuevos adjetivos de la lista anterior para hacer más interesante tu escrito.

SEMANA 26
DÍA 4

NOMBRE: _____

Instrucciones: Lee las oraciones. Encuentra palabras en las que no se haya usado correctamente la mayúscula inicial. Usa el símbolo / para indicar que deberían ir en minúscula.

1. Las Tortugas de Mar viven en el océano Pacífico.

2. Los niños buscaron tortugas en la Playa.

3. Mi Hermana trabaja en un informe de investigación sobre las tortugas para una clase de su Escuela.

4. El martes, nosotros iremos de Excursión al Acuario.

¡Hora de mejorar!

Instrucciones: Vuelve a leer tu borrador de la página 140. Verifica si usaste correctamente las mayúsculas. Si observas algún error, corrígelo.

NOMBRE: _____

Instrucciones: Describe el aspecto de las tortugas. Brinda detalles descriptivos empleando diversos adjetivos.

_____
_____
_____
_____
_____
_____
_____
_____
_____
_____
_____
_____
_____
_____
_____
_____

SEMANA 27
DÍA 1

NOMBRE: _____

Instrucciones: Coloca marcas de verificación en los planetas que tienen personajes y lugares que podrías encontrar en una historia sobre los planetas.

- Marte
- astronauta
- animal de peluche
- Saturno
- Júpiter
- Australia
- extraterrestre
- Misisipi
- Mercurio
- cohete
- Venus
- casa del árbol

NOMBRE: _____

Instrucciones: Lee la historia. Encierra los personajes. Subraya los nombres de los lugares a los que se dirigen los personajes.

Un astronauta decidió hacer un viaje a los planetas. Despegó desde la Tierra en su cohete y salió disparado hacia el cielo. El astronauta se detuvo en Mercurio y descubrió que estaba cerca del Sol y que hacía mucho calor. Entonces, continuó. En Venus, conoció a un amable extraterrestre. Se hicieron amigos y decidieron viajar juntos. El astronauta y el extraterrestre pasaron por alto la Tierra y visitaron Marte y luego Júpiter. Pasaron mucho tiempo explorando la gran mancha roja en Júpiter y trataron de caminar alrededor de ella. Los anillos de Saturno confundieron a los amigos, así que continuaron para visitar Urano y Neptuno. Después de Neptuno, ambos estaban muy cansados, entonces el astronauta llevó al extraterrestre de regreso a Venus antes de volver a la Tierra.

Práctica de letra de molde

Instrucciones: Usa tu mejor letra de molde para escribir los nombres de dos planetas mencionados anteriormente.

SEMANA 27
DÍA 3

Revisión — Planetas

NOMBRE: _____

Instrucciones: Lee las oraciones. Vuelve a escribir las oraciones y agrega detalles para hacerlas más interesantes.

Oración: El astronauta viajó por el espacio.

Oración con detalles: _____

_____

_____

Oración: Encontró a un extraterrestre en el planeta.

Oración con detalles:

_____

_____

¡Refuerza tu aprendizaje!

Cuando **desarrollas**, brindas más información sobre los personajes, el contexto o las actividades de tu historia. Agregar detalles adicionales a tus escritos hace que leerlos sea más emocionante.

NOMBRE: _____

Instrucciones: Haz una lista con cuatro palabras conectoras. Luego, usa el símbolo ∧ para agregar palabras conectoras al párrafo siguiente.

Mis palabras conectoras

_____   _____

_____   _____

El astronauta y el extraterrestre estaban emocionados por explorar Júpiter. Buscaron la mancha roja. Caminaron alrededor de la mancha roja e intentaron descubrir qué la había provocado. El astronauta y el extraterrestre buscaron un lago. Caminaron a través de cráteres. Se cansaron y decidieron volver a la nave espacial y descansar allí.

¡Refuerza tu aprendizaje!

Las palabras conectoras ayudan a que el lector comprenda el orden de tu historia.

Ejemplo: ∧Primero, El astronauta y el extraterrestre se miraron y ∧luego decidieron explorar.

NOMBRE: _____

Instrucciones: Repasa el texto. Usa el símbolo ∧ para agregar palabras que desarrollen el contexto, el argumento y los personajes.

Un astronauta decidió hacer un viaje para visitar los planetas. Despegó desde la Tierra en su cohete y salió disparado hacia el cielo. El astronauta se detuvo en Mercurio y descubrió que estaba cerca del Sol y que hacía mucho calor; entonces, continuó. En Venus, conoció a un amable extraterrestre. Se hicieron amigos y decidieron viajar juntos. El astronauta y el extraterrestre pasaron por alto la Tierra y visitaron Marte y luego Júpiter. Pasaron mucho tiempo explorando la gran mancha roja en Júpiter y trataron de caminar alrededor de ella. Los anillos de Saturno confundieron a los amigos, así que continuaron para visitar Urano y Neptuno. Después de Neptuno, ambos estaban listos para irse a casa, entonces el astronauta llevó al extraterrestre de regreso a Venus antes de volver a la Tierra.

Esta semana, aprendí lo siguiente:
- cómo desarrollar el contexto, el argumento y los personajes
- a usar palabras conectoras para contar una historia

SEMANA 28
DÍA 1

NOMBRE: _____

Instrucciones: Completa la oración. Luego, completa el cuadro con información para una narración sobre el lugar que te gustaría visitar.

> Me gustaría visitar. _____
> (el Sol   la Luna   las estrellas)

Preescritura
El Sol, la Luna y las estrellas

Voy a visitar _____ .		
Cómo será:	**Cómo me sentiré:**	**Qué haré allí:**

Instrucciones: Imagina que estás en un viaje por el espacio. Redacta el borrador de una narración sobre lo que observas y haces durante la aventura. Usa las notas de la página 149 como ayuda.

_____
_____
_____
_____
_____
_____
_____
_____
_____
_____

¡Recuerda!

Un párrafo narrativo sólido cuenta una historia con una introducción, un desarrollo y un final.

Práctica de letra de molde

Instrucciones: Usa tu mejor letra de molde para escribir dos adjetivos sobre las estrellas.

_____ _____

SEMANA 28
DÍA 3

NOMBRE: _____

Instrucciones: Escribe palabras conectoras del banco de palabras que podrían agruparse con las palabras a continuación. Luego, escribe una oración usando uno de los pares de palabras conectoras.

Banco de palabras

| tercero | después | por último | más tarde |

antes _____   anteriormente _____

primero _____   segundo _____

Mi oración con palabras conectoras

_____
_____

Revisión — El Sol, la Luna y las estrellas

¡Hora de mejorar!

Instrucciones: Regresa al borrador que escribiste en la página 150. Busca espacios donde podrías agregar palabras conectoras para ayudar al lector a comprender el orden de la historia.

SEMANA 28 DÍA 4

NOMBRE: _____

Instrucciones: Busca la serie de elementos que se enumeran en cada oración. Usa el símbolo ∧ para agregar comas entre los elementos.

1. El astronauta visitó Mercurio Venus Júpiter y Marte.

2. El extraterrestre de Marte tenía cabello rojo tres ojos cuatro orejas y siete brazos.

3. Vieron satélites planetas estrellas y lunas en el espacio.

4. Los astronautas deben llevar alimentos trajes para el espacio tanques de oxígeno y herramientas cuando viajan al espacio.

Corrección — El Sol, la Luna y las estrellas

¡Recuerda!
Cuando enumeras varios objetos, necesitas una coma entre cada uno de ellos, excepto antes del último.

NOMBRE: _____

SEMANA 28
DÍA 5

Instrucciones: Imagina que estás en un viaje por el espacio. Escribe una narración sobre lo que observas y haces durante la aventura.

Publicación

El Sol, la Luna y las estrellas

SEMANA 29
DÍA 1

NOMBRE: _____

Instrucciones: Encierra las cosas que posiblemente encuentres en una narración sobre un gran día.

Preescritura — Un gran día

- fiesta
- concierto de piano
- noche de pizza y películas
- palomitas de maíz
- noche de juegos
- helado
- la playa
- juguete nuevo
- visita de un amigo para jugar
- parque
- paseo al zoológico

NOMBRE: _____

Instrucciones: Lee la narración sobre un gran día. Encierra los nombres propios de las personas y de los lugares. Subraya las palabras que indican cuándo ocurren los acontecimientos de la historia.

Andrés estaba muy emocionado cuando se despertó porque simplemente sabía que iba a ser un gran día. Después de la cena, toda la familia se dirigiría a Central Park para ver los fuegos artificiales. Andrés y sus primos, Daniel y Aurelia, iban a pasar la tarde en el zoológico Westbrook Zoo. La mañana continuaría con un paseo por la playa Cedar Beach con sus primos. La mamá le dijo a Andrés que permitiría que desayunara su comida preferida, y él ya podía oler los panqueques mientras se cocinaban. Ellos almorzarían al aire libre en la playa. Andrés estaba seguro de que este sería el mejor día de su vida.

Práctica de letra de molde

Instrucciones: Usa tu mejor letra de molde para escribir dos cosas que, para ti, serían parte de un gran día.

_____   _____

SEMANA 29 DÍA 3

NOMBRE: _____

Instrucciones: Escribe números en las líneas para indicar el orden en que ocurren estas actividades.

Actividad 1

____ Nosotros subimos al avión.

____ Nos dirigimos al aeropuerto.

____ El avión despega.

Actividad 2

____ Jugamos y comemos pastel.

____ Vienen amigos a la fiesta.

____ Se envían las invitaciones.

Actividad 3

____ Es divertido ver fuegos artificiales.

____ Esperan en la fila para comprar los boletos.

____ Pasan el día disfrutando de las atracciones.

¡Refuerza tu aprendizaje!

Las narraciones deben contarse en un orden lógico. Piensa en el orden en que ocurren las cosas mientras escribes.

NOMBRE: _____

Instrucciones: Usa el símbolo ≡ para corregir los errores de uso de mayúsculas.

1. El sr. cheng dijo que el coro de la escuela secundaria tonka cantará para nosotros hoy.

2. la abuela nancy me llevará al centro comercial westside mall para comprarme una mochila y una lonchera nuevas.

3. fue divertido pasar el día en el parque valleyland park con mis amigos lucas, katrina, joel y lauren.

4. en el zoológico, ashley, eric y jonás vieron animales de áfrica, australia y américa del sur.

¡Refuerza tu aprendizaje!

Los **sustantivos propios**, los nombres de personas y de lugares específicos deben llevar mayúscula inicial, así como también la primera palabra de las oraciones.

Ejemplo: la tía ann me llevará a grand park.

SEMANA 29 DÍA 5

NOMBRE: _____

Instrucciones: Vuelve a leer la narración. Luego, responde la pregunta.

Andrés estaba muy emocionado cuando se despertó porque simplemente sabía que iba a ser un gran día. Después de la cena, toda la familia se dirigiría a Central Park para ver los fuegos artificiales. Andrés y sus primos, Daniel y Aurelia, iban a pasar la tarde en el zoológico Westbrook Zoo. La mañana continuaría con un paseo por la playa Cedar Beach con sus primos. La mamá le había dicho a Andrés que permitiría que desayunara su comida preferida, y él ya podía oler los panqueques mientras se cocinaban. Ellos almorzarían al aire libre en la playa. Andrés estaba seguro de que este sería el mejor día de su vida.

1. ¿Tiene sentido la secuencia de acontecimientos de la narración?

   _____
   _____
   _____
   _____

Esta semana, aprendí lo siguiente:
- a pensar en el orden en el que ocurren los acontecimientos
- que los sustantivos propios y la primera palabra de las oraciones deben tener mayúscula inicial

SEMANA 30
DÍA 1

NOMBRE: _____

Instrucciones: Piensa en las cosas que hacen que un día sea malo. Escribe algo en cada casilla que podría hacer que un día sea malo.

Preescritura — Un mal día

Cuando te levantas
_____ _____

Cuando llegas a la escuela
_____ _____

A la hora del almuerzo
_____ _____

Después de la escuela
_____ _____

En la noche
_____ _____

SEMANA 30
DÍA 2

NOMBRE: _____

Instrucciones: ¿Alguna vez has tenido un mal día? Describe qué ocurrió y qué hiciste para que el día mejorara. Usa tus notas de la página 159 como ayuda.

_____
_____
_____
_____
_____
_____
_____
_____
_____
_____

> **¡Recuerda!**
>
> Un párrafo narrativo sólido cuenta una historia con una introducción, un desarrollo y un final.

Práctica de letra de molde

Instrucciones: Usa tu mejor letra de molde para escribir las palabras *terrible*, *espantoso*, *horrible* y *muy malo*.

_____   _____

_____   _____

SEMANA 30
DÍA 3

NOMBRE: _____

Instrucciones: Usa el borrador de la narración que redactaste en la página 160 para completar el cuadro.

Una historia sobre un mal día		
	Acontecimiento o actividad	**Palabras que indican cuándo pasó**
Primero		
Segundo		
Tercero		
Cuarto		

Revisión — Un mal día

¡Hora de mejorar!

Instrucciones: Vuelve a leer tu borrador de la página 160. ¿Cuentas tu historia en un orden lógico? Haz anotaciones para cambiar el orden de tu historia, si es necesario.

SEMANA 30 DÍA 4

NOMBRE: _____

Instrucciones: Usa el símbolo ≡ para indicar qué palabras deben tener mayúscula inicial.

1. daniel dijo:
   —Tenemos un mal día cuando la sra. grant no está y una maestra suplente ocupa su lugar.

2. nuestro director, el sr. carpenter, dijo que hacía demasiado frío para salir al recreo.

3. fue un mal día porque olvidé en casa mi formulario de autorización para la excursión.

4. mi hermano jim se despertó tarde así que no alcanzamos el autobús para ir a la escuela.

¡Recuerda!

Los nombres propios nombran personas y lugares específicos.

¡Hora de mejorar!

Instrucciones: Observa tu borrador de la página 160. Asegúrate de haber usado mayúscula inicial para la primera palabra de cada oración y para todos los sustantivos propios.

SEMANA 30
DÍA 5

NOMBRE: _____

Instrucciones: ¿Alguna vez has tenido un mal día? Describe qué ocurrió y qué hiciste para que el día mejorara.

Publicación
Un mal día

SEMANA 31
DÍA 1

NOMBRE: _____

Instrucciones: Haz una lista de cuatro lugares donde podrías ver hormigas y cuatro cosas que las hormigas podrían hacer. Luego, escribe un enunciado de opinión que exprese si te gustan las hormigas o no.

Lugares donde veo hormigas

_____
_____
_____
_____

Cosas que hacen las hormigas

_____
_____
_____
_____

Mi opinión sobre las hormigas

_____
_____

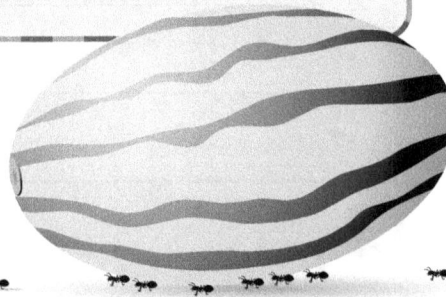

NOMBRE: _____

SEMANA 31
DÍA 2

Instrucciones: Lee el párrafo. Subraya el enunciado de opinión. Luego, encierra en un círculo las palabras que indican acción.

    A muchas personas no les gustan las hormigas y quieren deshacerse de ellas, pero yo creo que las hormigas son insectos importantes en nuestro entorno. Las hormigas ayudan a la tierra excavando túneles en el suelo. Cuando excavan estos túneles, mueven la tierra y la hacen más saludable para las plantas jóvenes. Otro modo en el que las hormigas ayudan es comiendo otros insectos. Algunos de los insectos que las hormigas comen son peligrosos para las plantas. Las hormigas también ayudan cuando remueven las semillas. ¿Sabías que las hormigas pueden transportar más de 20 veces el peso de su cuerpo? Trasladan muchas semillas de esa manera y las llevan a lugares donde es más fácil que crezcan. A pesar de que no es bueno tener hormigas cerca de los alimentos ni en los días de campo, ellas ayudan mucho a la tierra.

Práctica de letra de molde

Instrucciones: Usa tu mejor letra de molde para escribir *hormigas guerreras* y *hormigas carpinteras*.

_____

_____

SEMANA 31
DÍA 3

NOMBRE: _____

Instrucciones: Une con una línea las oraciones que se encuentran a la izquierda con la opinión que mejor las respalda de la derecha.

Las hormigas comen insectos que dañan las plantas.

Las hormigas pueden dañar la madera.

Algunas hormigas pican a las personas.

Las hormigas remueven la tierra y eso ayuda a que las plantas crezcan.

Las hormigas ingresan a los hogares de las personas en busca de alimento y agua.

Las hormigas transportan semillas, lo cual permite que las plantas crezcan en zonas nuevas.

Opinión #1

A muchas personas no les gusta ver hormigas.

Opinión #2

Las hormigas son insectos que ayudan a la tierra.

¡Refuerza tu aprendizaje!

Cuando escribes un párrafo de opinión, primero debes introducir el tema y luego, incluir tu opinión expresando lo que piensas.

NOMBRE: _____

Instrucciones: Encuentra las palabras que están repetidas en las oraciones. Usa el símbolo ⌒ℓ para indicar que quieres eliminar alguna palabra.

1. La hormiga trepa trepa por la pared.
2. Las hormigas pueden comer comer los huevos de muchos insectos.
3. Cuando las hormigas transportan transportan semillas, las llevan a lugares nuevos donde pueden crecer.
4. Las hormigas que hacen túneles excavan excavan y remueven la tierra, lo cual ayuda a las plantas.

¡Refuerza tu aprendizaje!

Revisa detenidamente tu escrito para asegurarte de que no hayas repetido palabras.

Ejemplo: Las hormigas comen ~~comen~~ muchos insectos.

NOMBRE: _____

Instrucciones: Repasa el párrafo de opinión. Subraya las oraciones que respaldan la opinión del autor.

A muchas personas no les gustan las hormigas y quieren deshacerse de ellas, pero yo creo que las hormigas son insectos importantes en nuestro entorno. Las hormigas ayudan a la tierra excavando túneles en el suelo. Cuando excavan estos túneles, mueven la tierra y hacen que sea más saludable para las plantas jóvenes. Otro modo en el que las hormigas ayudan es comiendo otros insectos. Algunos de los insectos que las hormigas comen son peligrosos para las plantas. Las hormigas también ayudan cuando remueven las semillas. ¿Sabías que las hormigas pueden transportar más de 20 veces el peso de su cuerpo? Trasladan muchas semillas de esa manera y las llevan a lugares donde es más fácil que crezcan. A pesar de que no es bueno tener hormigas cerca de los alimentos ni en los días de campo, ellas ayudan mucho a la tierra.

Esta semana, aprendí lo siguiente:

- cómo comenzar un párrafo de opinión con un enunciado de opinión
- a eliminar los verbos repetidos e incluir otros

SEMANA 32 DÍA 1

Preescritura — Abejas

NOMBRE: _____

Instrucciones: Lee el enunciado. Decide si cada dato coincide o no con el enunciado. Luego, colócalos en las columnas correspondientes.

Enunciado

Las abejas son una plaga y no son buenas para nada.

Datos sobre las abejas

Las abejas producen miel y a muchas personas les gusta comer miel.

Las abejas pican a las personas y eso es doloroso.

Muchas personas son alérgicas a las picaduras de abejas.

Las abejas polinizan las plantas y eso las ayuda a crecer.

Las abejas producen zumbidos fuertes y molestos.

Coincide	No coincide

NOMBRE: _____

Instrucciones: ¿Crees que las abejas son útiles? Explica tu respuesta y proporciona ideas secundarias. Usa tus notas de la página 169 como ayuda.

_____
_____
_____
_____
_____
_____
_____
_____
_____

> **¡Recuerda!**
>
> Un párrafo de opinión sólido incluye lo siguiente:
>
> - una oración introductoria y una oración de conclusión que dan a conocer tu opinión
>
> - motivos que respaldan la opinión

Práctica de letra de molde

Instrucciones: Usa tu mejor letra de molde para escribir las tres clases de abejas: *reinas*, *obreras* y *zánganos*.

_____ _____

_____

NOMBRE: _____

Instrucciones: Escribe un enunciado de opinión que coincida con cada oración introductoria.

1. Las abejas son insectos; por lo tanto, tienen seis patas.

   _____
   _____

2. Las abejas producen miel en sus colmenas.

   _____
   _____

3. Las abejas esparcen el polen y esto ayuda a que las plantas crezcan.

   _____
   _____

¡Hora de mejorar!

Instrucciones: Vuelve a leer el borrador del párrafo de opinión que redactaste en la página 170. ¿Escribiste una oración introductoria y un enunciado de opinión? Agrega las oraciones, si es necesario.

NOMBRE: _____

Instrucciones: Lee los datos. Luego, vuelve a escribirlos de manera que expresen opiniones.

1. Las abejas pueden picar a las personas.

   _____
   _____

2. Las abejas producen miel.

   _____
   _____

3. Las abejas son negras, amarillas y están cubiertas de pelusa.

   _____
   _____

¡Hora de mejorar!

Instrucciones: Revisa el párrafo que escribiste en la página 170. Busca palabras que indiquen qué oraciones expresan opiniones. Agrega enunciados de opinión a las oraciones que lo necesiten.

SEMANA 32
DÍA 5

NOMBRE: _____

Instrucciones: ¿Crees que las abejas son útiles? Explica tu respuesta y proporciona ideas secundarias.

Publicación
Abejas

SEMANA 33
DÍA 1

NOMBRE: _____

Instrucciones: Coloca marcas de verificación en las burbujas que tienen cosas que podrían moverse con un viento ligero. Coloca asteriscos en las burbujas que tienen cosas que podrían moverse con un viento fuerte.

- burbujas
- papalote
- automóvil
- hoja
- bote
- papel
- molino de viento
- pluma
- roca
- globo
- ramas de árboles
- canica

Preescritura — En el viento

NOMBRE: _____

Instrucciones: Lee el párrafo. Subraya la oración principal y la oración de conclusión. Tacha las oraciones que no se relacionan con el tema.

El viento no se puede ver, pero es fácil notar lo que el viento hace. A veces, el tiempo está soleado. El viento hace que las cosas se muevan. Diferentes tipos de viento mueven diferentes objetos. Cuando expulsas aire por la boca, estás provocando un poco de viento. Puedes soplar a través de una pajilla y hacer que una pluma se mueva. Es divertido encontrar las plumas que han perdido los pájaros. Cuanto más fuerte soples, más lejos podrás moverla. El viento de un ventilador puede hacer que la pluma se mueva aún más lejos. Puedes ver que es un día ventoso cuando se mueven las ramas de los árboles. Este tipo de viento hace que los papalotes se muevan en el cielo. Los papalotes tienen muchos diseños coloridos y es agradable verlos. En un día ventoso, puedes ver papeles y hojas que se mueven en el viento. A pesar de que no puedes ver el viento, si observas con atención, sabes dónde está.

Práctica de letra de molde

Instrucciones: Usa tu mejor letra de molde para escribir una oración sobre lo que puede hacer el viento.

_____

_____

SEMANA 33 DÍA 3

Revisión — En el viento

NOMBRE: _____

Instrucciones: Lee la oración original. Escribe una lista de adjetivos para describir el viento. Luego, escribe una lista con las cosas que el viento mueve. Usa tus adjetivos para crear una nueva oración.

Oración original
El viento sopla.

Adjetivos sobre el viento

_____   _____

_____   _____

Cosas que el viento mueve

_____   _____

_____   _____

Mi oración nueva y mejorada

_____

_____

_____

¡Refuerza tu aprendizaje!

Ayuda a que tu escrito sea interesante mediante el uso de adjetivos y ejemplos específicos.

SEMANA 33 DÍA 4

Corrección — En el viento

NOMBRE: _____

Instrucciones: Lee la lista de palabras. Encuentra las palabras que no pertenecen al grupo. Usa el símbolo ℯ para eliminarlas. Luego, selecciona una lista y escribe una oración únicamente con las palabras que se relacionan con el mismo tema.

1. flujo de aire, brisa, calor, vientos fuertes, chaparrón

2. papalote, volar, piedra, elevarse, arder

3. vela, caballo, canoa, bicicleta, balsa

4. radio, ventilador, molino de viento, mapa, veleta

Mi oración temática:

_____

_____

¡Recuerda!

Cuando escribes, tus ideas deben ser sobre el mismo tema. Elimina palabras u oraciones que no se relacionen con el tema.

SEMANA 33
DÍA 5

NOMBRE: _____

Instrucciones: Lee el párrafo. Luego, responde la pregunta.

Publicación — En el viento

El viento no se puede ver, pero es fácil notar lo que el viento hace. El viento hace que las cosas se muevan. Diferentes tipos de viento mueven diferentes objetos. Cuando expulsas aire por la boca, provocas un poco de viento. Puedes soplar a través de una pajilla y hacer que una pluma se mueva. Cuanto más fuerte soplas, más lejos podrás moverla. El viento de un ventilador puede hacer que la pluma se mueva aún más lejos. Puedes ver que es un día ventoso cuando se mueven las ramas de los árboles. Este tipo de viento hace que los papalotes se muevan en el cielo. En un día ventoso, puedes ver papeles y hojas que se mueven en el viento. A pesar de que no puedes ver el viento, sabes dónde está.

1. ¿Se mantiene el autor en el tema? ¿Cómo lo sabes?

_____

_____

NOMBRE: _____

Instrucciones: Haz una lluvia de idea para los objetos que pueden empujarse o jalarse. Se proporciona un ejemplo.

SEMANA 34 — DÍA 1

Preescritura — Empujar o jalar

- carrito de comestibles
- Cosas que se empujan o jalan

SEMANA 34
DÍA 2

NOMBRE: _____

Instrucciones: Describe cómo se empujan o jalan los objetos. Incluye diferencias entre empujar y jalar. Usa tus notas de la página 179 como ayuda.

_____
_____
_____
_____
_____
_____
_____
_____

> **¡Recuerda!**
>
> Un párrafo informativo sólido incluye lo siguiente:
>
> - una oración introductoria y una oración de conclusión
> - detalles que respaldan la idea principal

Práctica de letra de molde

Instrucciones: Usa tu mejor letra de molde para escribir una oración sobre algo que pueda empujarse o jalarse.

_____
_____
_____

NOMBRE: _____

Instrucciones: Une las oraciones que se encuentran a la izquierda con las oraciones que se encuentran a la derecha que se refieren al mismo tema.

Cuando juegas al tira y afloja, los equipos jalan desde los extremos opuestos de una cuerda.	Un cochecito para niños se mueve rápidamente si corres mientras lo empujas.
Cuando caminas y empujas un cochecito para niños, este se mueve lentamente.	Si estás afuera de un automóvil, abres la puerta jalándola.
Cuando lanzas una pelota de baloncesto, la empujas.	El tira y afloja es un buen ejemplo del uso de una fuerza intensa para jalar.
Si estás adentro de un automóvil, empujas la puerta para abrirla.	Los jugadores de fútbol empujan la pelota mientras la patean por el campo de juego.

¡Hora de mejorar!

Instrucciones: Vuelve a leer tu borrador de la página 180. Verifica si todos los detalles coinciden con tu tema y con las oraciones de conclusión.

SEMANA 34 DÍA 4

Corrección — Empujar o jalar

NOMBRE: _____

Instrucciones: Algunos pronombres y complementos directos en las siguientes oraciones no son correctos. Usa el símbolo ℓ para eliminarlos y luego, escribe lo correcto encima de ellos.

1. Si caminas lentamente mientras empujas una carretilla, estas se moverá lentamente.

2. Cuando bateas una pelota de béisbol, en realidad lo estás empujando.

3. Los niños empujaron su autos de carrera por la pista.

4. Un bote se mueve cuando el viento empuja su velas.

¡Hora de mejorar!

Instrucciones: Vuelve a leer el párrafo que escribiste en la página 180. Verifica si todas las palabras de tus oraciones tienen sentido.

NOMBRE: _____

Instrucciones: Describe cómo se empujan o jalan los objetos. Incluye diferencias entre empujar y jalar.

SEMANA 34
DÍA 5

Publicación
Empujar o jalar

_____
_____
_____
_____
_____
_____
_____
_____
_____

SEMANA 35 DÍA 1

NOMBRE: _____

Instrucciones: Indica al menos tres motivos por los que deberías o no deberías dedicar tiempo a estas actividades.

Leer un libro

Mirar televisión

NOMBRE: _____

Instrucciones: Lee el párrafo. Tacha las frases que están repetidas.

Es divertido tener tiempo libre, pero puede ser difícil decidir qué hacer. Creo que es mejor pasar tiempo leyendo libros. Cuando lees, aprendes cosas. Puedes aprender sobre personas, lugares y animales de todo el mundo. Puedes aprender sobre cómo crecen las cosas y cómo funcionan. Cuando lees libros, desarrollas la imaginación. Puedes imaginar que eres el personaje de la historia y que estás experimentando las mismas cosas que él. Cuando lees libros, mejoras tu lectura. Reconoces mejor las palabras, lees las palabras correctamente y comprendes nuevas palabras. Cuando tienes tiempo libre, realmente deberías elegir leer un libro.

Práctica de letra de molde

Instrucciones: Usa tu mejor letra de molde para completar las oraciones.

Mi libro preferido es _____.

Mi programa de televisión preferido es _____.

SEMANA 35 DÍA 3

NOMBRE: _____

Instrucciones: Lee cada dato. Modifica el dato de manera que sea un enunciado de opinión. Escribe tus enunciados de opinión nuevos en las siguientes líneas.

1. Puedes aprender sobre historia mirando programas de televisión.

   _____
   _____
   _____

2. Los padres y los maestros recomiendan a los niños que lean.

   _____
   _____
   _____

3. La biblioteca es un lugar al que puedes ir para buscar los libros que deseas leer.

   _____
   _____
   _____

¡Refuerza tu aprendizaje!

Cuando escribes enunciados de opinión, debes usar palabras que indiquen que se trata de tu opinión.

SEMANA 35
DÍA 4

NOMBRE: _____

Instrucciones: Usa el símbolo ⌒ para eliminar las palabras repetidas en las segundas oraciones. Escribe palabras nuevas en su lugar.

1. Muchas personas creen que los niños deberían pasar tiempo leyendo libros. Muchas personas creen que leer es bueno para los niños.

   _____
   _____
   _____

2. Todos deberían pasar tiempo en la biblioteca durante el verano. Todos deberían leer al menos diez libros en el verano.

   _____
   _____
   _____

Corrección

¿Mirar televisión o leer?

¡Refuerza tu aprendizaje!

Las oraciones necesitan una variedad de comienzos. Reemplaza las palabras repetidas con palabras diferentes para que las oraciones sean más interesantes.

NOMBRE: _____

Instrucciones: Repasa el párrafo de opinión. Subraya las frases que están repetidas. Usa el símbolo ∧ para reemplazar las palabras repetidas.

Es divertido tener tiempo libre, pero puede ser difícil decidir qué hacer. Creo que es mejor pasar tiempo leyendo libros. Cuando lees libros, puedes aprender. Puedes aprender sobre personas, lugares y animales de todo el mundo. Puedes aprender sobre cómo crecen las cosas y cómo funcionan. Cuando lees libros, desarrollas la imaginación. Puedes imaginar que eres el personaje de la historia y que estás experimentando las mismas cosas que él. Cuando lees libros, mejoras tu lectura. Reconoces mejor las palabras, lees las palabras correctamente y comprendes nuevas palabras. Cuando tienes tiempo libre, realmente deberías elegir leer un libro.

Esta semana, aprendí lo siguiente:

- a proporcionar enunciados que respalden mi opinión
- cómo modificar oraciones para que tengan comienzos diferentes

NOMBRE: _____

Instrucciones: Menciona al menos tres ideas en cada columna.

La playa

Lo que me gusta	Lo que no me gusta

El parque

Lo que me gusta	Lo que no me gusta

SEMANA 36 DÍA 1

Preescritura

¿La playa o el parque?

SEMANA 36
DÍA 2

NOMBRE: _____

Instrucciones: ¿Prefieres la playa o el parque? Explica por qué usando de ideas secundarias sólidas. Usa tus notas de la página 189 como ayuda.

_____
_____
_____
_____
_____
_____
_____
_____
_____
_____

¡Recuerda!

Un párrafo de opinión sólido incluye lo siguiente:

- una oración introductoria que da a conocer tu opinión
- detalles que respaldan tus ideas
- una oración de conclusión

Práctica de letra de molde

Instrucciones: Usa tu mejor letra de molde para escribir los nombres de dos playas o dos parques que te gusta visitar.

_____
_____

NOMBRE: _____

Instrucciones: Lee los datos. Revisa las oraciones y agrégales palabras para convertirlas en opiniones. Escribe tus nuevas oraciones en las líneas.

1. Hay muchas cosas que se pueden hacer en la playa, como nadar, construir castillos de arena y jugar.

   _____
   _____
   _____

2. En el parque, puedes hacer ejercicio subiendo a las atracciones, columpiándote, corriendo y saltando.

   _____
   _____
   _____

3. Las playas son lugares concurridos en el verano y muchas personas pasan tiempo allí.

   _____
   _____
   _____

¡Hora de mejorar!

Instrucciones: Vuelve a leer el párrafo que escribiste en la página 190. Encuentra los espacios donde debes agregar enunciados de opinión.

SEMANA 36
DÍA 4

Corrección — ¿La playa o el parque?

NOMBRE: _____

Instrucciones: Lee las oraciones. Usa el símbolo ℮ para eliminar las palabras que se han repetido.

1. Yo creo que la playa es el mejor lugar para visitar en verano, creo.

2. Todos deben pasar tiempo en el parque el parque para hacer ejercicio y divertirse.

3. Lo mejor de ir a la playa es comprar un helado en el camino de regreso a casa, eso es lo mejor.

4. El parque cerca de mi casa es el mejor mejor parque de todos.

¡Hora de mejorar!

Instrucciones: Vuelve a leer el párrafo que escribiste en la página 190. Verifica si tus oraciones comienzan de diferentes maneras. Modifica las oraciones que tienen comienzos repetitivos.

NOMBRE: _____

Instrucciones: ¿Prefieres la playa o el parque? Explica por qué usando ideas secundarias sólidas.

SEMANA 36 DÍA 5

Publicación
¿La playa o el parque?

CLAVE DE RESPUESTAS

The activity pages that do not have specific answers to them are not included in this answer key. Students' answers will vary on these activity pages, so check that students are staying on task.

Semana 1: Reglas para la escuela

Día 1 (page 14)

Students should put check marks next to the following rules: 1. Llegar a tiempo a clase; 2. Escuchar al maestro; 3. Mantener las manos y los pies quietos; 5. Cuidar muy bien los materiales del salón de clases; 7. Caminar dentro de la escuela; 8. Ser amable con los compañeros; 10. Dar lo mejor de uno mismo siempre.

Día 2 (page 15)

Underlined parts should include: Hoy, nuestra clase decidió que debíamos tener reglas escolares que todos obedeceríamos. La Sra. Wright nos dio tres hojas de papel a cada uno y nos pidió que escribiéramos una regla para el salón de clases en cada una. Observamos las reglas que habíamos escrito y notamos que muchas eran iguales. Elegimos cinco reglas que nuestra clase debía obedecer este año.

Día 3 (page 16)

The sentences should be in the following order: Todos los salones de clases necesitan reglas. Primero, decidimos que debemos tener reglas. Luego, nosotros pensamos en qué reglas deberíamos tener. Por último, obedecemos las reglas que elaboramos. De esta manera, nuestro salón de clases será un entorno seguro.

Día 4 (page 17)
1. Mi hermana asiste al preescolar **Abraham Lincoln** y debe obedecer reglas.
2. **Nuestra** maestra, la **Sra. Gillespie**, ha realizado un gran esfuerzo para establecer reglas en la escuela **Park Heights**.
3. **El Sr.** Bolander permite que sus estudiantes establezcan sus propias reglas para el salón de clases.
4. La **Sra.** Eddy les recuerda a sus estudiantes lo útiles que pueden ser las reglas.

Día 5 (page 18)

El primer día de clases fue grandioso. **Asisto** al segundo grado de la escuela primaria **Elliot Grove**. **Mi** maestra es la **Sra**. **Wright**. **Hoy**, con mis compañeros decidimos que debíamos tener reglas escolares que todos obedeceríamos. **Luego**, la **Sra**. **Wright** nos dio tres hojas de papel a cada uno y nos pidió que escribiéramos una regla para el salón de clases en cada una. **Observamos** las reglas que habíamos escrito y notamos que muchas eran iguales. **Elegimos** cinco reglas que nuestra clase debía obedecer este año. ¡**Yo** sé que será un buen año!

Semana 2: Amigos de la escuela

Día 4 (page 22)
1. Es divertido jugar con mis amigos, **Amir**, **Lily**, y **Aisha**.
2. Todos estamos en el segundo grado de la escuela primaria **Fern Hill**.
3. Mi mamá me lleva al parque **Paul Revere** para que juegue con mi amigo **Gabriel**.
4. A la hermana pequeña de **Ariel** también le gusta jugar con nosotros en el parque.

Día 5 (page 23)

See the Narrative Writing Rubric on page 204.

Semana 3: En la ciudad

Día 2 (page 25)

Students should underline the following: Las ciudades tienen parques donde los niños pueden jugar. Las personas pueden hacer muchas actividades en las ciudades, como ir al zoológico o a un museo. Las ciudades son lugares de mucha actividad. Casi siempre pasa algo en las ciudades.

Semana 4: En el campo

Día 1 (page 29)

The following should be check marked: establo, chiquero, vaca, caballo, montón de paja

Día 5 (page 33)

See Informative/Explanatory Writing Rubric on page 203.

Semana 5: Por qué debemos comer manzanas

Día 1 (page 34)

The following should be check marked: Las manzanas ayudan a fortalecer el corazón. Las manzanas te ayudan a hacer ejercicio. Las manzanas son frutas saludables. Las manzanas contienen vitaminas. Las manzanas pueden evitar que te enfermes.

Día 2 (page 35)

Todas las personas deberían comer manzanas todos los días. Las manzanas son coloridas y crujientes. <u>Las manzanas son una merienda saludable. Tienen vitaminas que evitan que te enfermes.</u> Las manzanas son deliciosas. <u>Comer manzanas puede fortalecer el corazón.</u> **Es una buena idea comer una manzana al día.**

Día 3 (page 36)

The following should be crossed out: Comí un plátano en el desayuno. Hay manzanas de diferentes colores. Mi mamá me dio galletas.

Día 4 (page 37)

Singular: árbol, canasta, corazón
Plural: manzanas, hojas, tallos

CLAVE DE RESPUESTAS (cont.)

Día 5 (page 38)

1. La autora piensa que las manzanas son buenas para ti. La autora dice que "todas las personas deberían comer manzanas todos los días" y que las manzanas son "una merienda saludable" y que son "deliciosas".
2. La autora podría haber utilizado otros adjetivos más descriptivos.

Semana 6: Cómo comer manzanas

Día 3 (page 41)

Students should cross out the following: Las manzanas son excelentes para la merienda porque puedes comerlas de diferentes maneras. ¿Te gustan las papas al horno? Las tartas de manzana, los pasteles de manzana y el puré de manzana son buenos refrigerios.

Día 4 (page 42)

manzanas, tartas, salsas, caramelos, rodajas, pasteles, frutas, semillas, corazones, tallos, árboles

Día 5 (page 43)

See the Opinion Writing Rubric on page 202.

Semana 7: Bosques tropicales

Día 1 (page 44)

The following should have *X*'s: piscinas, tiendas de comestibles, autobuses escolares, bibliotecas, edificios de apartamentos

Día 3 (page 46)

1. Suggestion to replace *ver*: observar, mirar
2. Suggestion to replace *oír*: escuchar
3. Suggestion to replace *olor*: aroma, perfume

Día 4 (page 47)

Words that should be circled and written correctly (in order as they appear): differentes/diferentes; vosques/bosques; mui/muy; rranas/ranas; bosqes/bosques; bida/vida

Semana 8: Bosques templados

Día 1 (page 49)

Students should place check marks next to the following: 1. Muchas personas viven cerca de bosques templados; 3. Los bosques templados tienen cuatro estaciones; 5. Se puede encontrar tierra fértil para que las plantas crezcan en los bosques templados; 6. Generalmente, llueve mucho en los bosques templados; 7. Algunas personas viven en cabañas en los bosques templados.

Día 3 (page 51)

selva—bosque
sendero—ruta
arroyo—riachuelo
casa de campo—cabaña

Día 4 (page 52)

Words that should be circled and written correctly (in order as they appear): vosque—bosque; anemales—animales; holor—olor; malesa—maleza.

Día 5 (page 53)

See Informative/Explanatory Writing Rubric on page 203.

Semana 9: Calabazas de Halloween

Día 2 (page 55)

Students should underline the following sentences: Comencé con una calabaza grande, y todos saben que las calabazas grandes dan más miedo que las calabazas pequeñas. Esos dientes puntiagudos se ven aterradores. Creo que mi calabaza de Halloween es la más aterradora de todas.

Día 4 (page 57)

1. Ellos visitaron **huertos de calabazas** para buscar calabazas que pudieran tallar para Halloween.
2. Asegúrate de que tu calabaza de Halloween esté tallada y lista para el **31 de octubre**.
3. Sería mejor que un adulto te ayudara a cortar las calabazas de Halloween porque, generalmente, los cuchillos están **afilados**.
4. A menudo las personas se **asustan** cuando ven una calabaza de Halloween aterradora.

Día 5 (page 58)

1. The author gives details such as "La calabaza de Halloween que tallé da miedo" y "Esos dientes puntiagudos se ven aterradores".

Semana 10: Espantapájaros

Día 3 (page 61)

Sentences that do *not* make sense include: Se ven espantapájaros a menudo en durante cuando el otoño. Generalmente, los pájaros vuelan hacia se alejan de los espantapájaros. Los brazos y las piernas de con los espantapájaros se agitan cuando sopla el viento.

Oraciones nuevas: Se ven espantapájaros a menudo **durante** el otoño. Generalmente, los pájaros **se alejan** de los espantapájaros. Los brazos y las piernas **de** los espantapájaros se agitan cuando sopla el viento.

Día 5 (page 63)

See Opinion Writing Rubric on page 202.

CLAVE DE RESPUESTAS (cont.)

Semana 11: Ser agradecido

Día 1 (page 64)

Leaves that should be check marked: Te sientes bien cuando agradeces. Las personas dan las gracias por muchas cosas. Siempre debes estar agradecido por las personas que te rodean. Cuando las personas hacen cosas por ti, debes agradecerles.

Día 2 (page 65)

Students should circle the following sentences: Las personas generalmente se sienten mejor cuando son agradecidas. Encontrar una razón para estar agradecido te puede ayudar a sentirte bien.

Students should underline the following sentences: Te sentirás mejor cuando agradezcas que haya alimentos sobre la mesa. Si agradeces que puedes aprender, te sentirás mejor. En lugar de pensar que tu ropa es muy vieja, alégrate por tener ropa y te sentirás mejor.

Día 3 (page 66)

de el niño—del niño
a el salón—al salón
de el perro—del perro
a el banco—al banco
de el maestro—del maestro

Día 4 (page 67)

Students should add spaces between the following words:
1. todas las; cosas buenas
2. muchas cosas; sentir agradecido
3. Las respuestas variarán.

Día 5 (page 68)

sesienten—se sienten; gustalo—gusta lo; mejorcuando—mejor cuando; pensarque—pensar que; quepuedes—que puedes; esmuy—es muy; tenerropa—tener ropa; estaragradecido—estar agradecido

Semana 12: Dar las gracias

Día 3 (page 71)

Pronombre: Yo, Tú, Él o Ella, Nosotros, Ustedes, Ellos o Ellas

Presente: digo, dices, dice, decimos, dicen, dicen

Pasado: dije, dijiste, dijo, dijimos, dijeron, dijeron

Día 4 (page 72)
1. Las personas pueden **dar las** gracias mediante **una nota** de agradecimiento.
2. Llevar un plato de galletas **es una** buena manera de dar **las gracias.**
3. Decir "gracias" es otra **manera de** dar las gracias.
4. Es **importante dar** gracias cuando alguien te **ha ayudado**.
5. Cuando **demostramos que** estamos agradecidos, sentimos **bienestar interior**.

Día 5 (page 73)

See Opinion Writing Rubric on page 202.

Semana 13: Tormentas eléctricas

Día 1 (page 74)

Students should check mark the following: trueno, árboles caídos, relámpagos, tornados, inundación

Día 2 (page 75)

Students should circle the following sentence: Las tormentas eléctricas pueden ser aterradoras y peligrosas.

Students should underline the following sentences: Las lluvias intensas durante una tormenta eléctrica pueden hacer que los ríos, arroyos y lagos provoquen inundaciones. El viento puede hacer que los árboles se caigan y que las ramas salgan despedidas. Puede haber impactos de relámpagos durante una tormenta y no es recomendable estar cerca.

Día 3 (page 76)

Las personas se asustan mucho durante las tormentas eléctricas—Estos son los motivos por los que las tormentas eléctricas asustan a las personas.

Las tormentas eléctricas pueden ser peligrosas en algunas ocasiones—Si eres cuidadoso, puedes evitar los peligros de las tormentas eléctricas.

Las tormentas eléctricas provocan ruidos fuertes—Si escuchas con atención, los sonidos te indicarán lo que está pasando.

Día 4 (page 77)
1. **Cuando** ves relámpagos, **sabes** que pronto escucharás un trueno.
2. Puede llover **muy** fuerte en medio de una tormenta **eléctrica**.
3. **Cuando** hay relámpagos, estos hacen **que** el cielo se ilumine.
4. El granizo es hielo **que** cae del cielo durante una tormenta eléctrica.

Semana 14: Tormentas de nieve

Día 1 (page 79)

The following should be check marked: ventiscas, carreteras resbaladizas, temperaturas frías, dificultad para ver afuera, vientos fuertes, nieve que hay que palear

Día 4 (page 82)
1. Nosotros **íbamos** a tomar chocolate caliente después de deslizarnos en trineo.
2. La nieve es tan **silenciosa** cuando cae que no hace ningún sonido.
3. Mira hacia **allá** para ver el hombre de nieve que construyeron.
4. Ella recibió un nuevo sombrero **de** su abuela.
5. Nuestra escuela cierra **frecuentemente** por el mal tiempo.
6. ¿Alguien desea **otra** galleta?

CLAVE DE RESPUESTAS (cont.)

Día 5 (page 83)

See Informative/Explanatory Rubric on page 203.

Semana 15: Regalos para mí

Día 2 (page 85)

Students should circle the following words: feliz, ansiosa, sonreía, se reía, saltaba sin parar, encantó, encantó, feliz, emocionada, alegre.

Día 4 (page 87)

1. Generalmente, yo recibo regalos en mi cumpleaños, en Navidad y el Día de San Valentín.
2. Recibimos sombreros, bufandas y mitones para el invierno.
3. Mi hermano incluyó un palo de hockey, patines de hielo y un trineo a su lista de regalos.
4. Mi perro recibió huesos, juguetes chirriantes y bocadillos en su cumpleaños.
5. Nuestra maestra recibe notas, dibujos y abrazos en la escuela.

Día 5 (Page 88)

1. El autor hace un buen trabajo al usar palabras que expresan sentimientos: "sonreía, se reía y saltaba" y "feliz, emocionada y alegre".

Semana 16: Dar a otros

Día 3 (page 91)

Feliz: animado, alegre, encantado, complacido, gustoso
Emocionado: deseoso, ansioso, ilusionado, entusiasmado, energizado
Agradecido: apreciativo, satisfecho

Día 4 (page 92)

1. Mi amiga recibió juegos, rompecabezas y libros en su cumpleaños.
2. Debemos preparar las invitaciones, la merienda y los juegos para la fiesta.
3. Mi abuela dice que los mejores regalos son los abrazos, las sonrisas y los mimos.
4. Estoy ansioso por dar los regalos a mi amigo, a mi papá y a mi hermana.

Día 5 (page 93)

See Narrative Writing Rubric on page 204.

Semana 17: Construcción de hombres de nieve

Día 1 (page 94)
1. bolas de nieve
2. rama
3. zanahoria
4. sombrero
5. bufanda
6. botón

Día 2 (page 95)

1. Era un gran día para construir un hombre de nieve. 2. Nos abrigamos y fuimos afuera para comenzar. 3. Hicimos una bola de nieve grande y la colocamos en el centro del patio. 4. Hicimos una bola de nieve mediana y la colocamos sobre la bola de nieve grande. 5. Hicimos una pequeña bola de nieve para la cabeza del hombre de nieve. 6. Buscamos una zanahoria y mi mamá nos dio botones grandes que usamos para hacer la nariz, los ojos y la boca. 7. Buscamos palos para los brazos, una bufanda y un sombrero viejos.

Día 4 (page 97)

Pasamos mucho tiempo jugando afuera. Cuando entramos, teníamos hambre y queríamos un refrigerio. **Primero**, nos quitamos la ropa para la nieve y la colgamos para que se secara. **Segundo**, buscamos algo para el refrigerio en la encimera. **Tercero**, decidimos hacer chocolate caliente. **Cuarto**, pusimos leche en un tazón. En **quinto** lugar, calentamos la leche. Nuestra **sexta** tarea fue revolver el cacao en polvo en la leche caliente. En **séptimo** lugar, le agregamos malvaviscos. En **octavo** lugar, disfrutamos de una sabrosa taza de chocolate.

Día 5 (page 98)

Es una narración sólida porque es descriptiva y está contada en orden.

Semana 18: Trineo

Día 4 (page 102)
1. **Primero**, me cepillé los dientes.
2. **Luego**, mi hermana nos preparó el desayuno.
3. **Después**, nos pusimos ropa abrigada.
4. A **continuación**, fuimos al parque.
5. **Finalmente**, nos divertimos deslizándonos en trineo.

Día 5 (page 103)

See Narrative Writing Rubric on page 204.

Semana 19: Cebras

Día 1 (page 104)

The following statements should be check marked: Las cebras viven en África. Cada cebra tiene un patrón de rayas diferente. Las cebras jóvenes son potrillos. Un grupo de cebras se denomina manada. Las cebras son herbívoras; comen plantas. Las cebras están estrechamente relacionadas con los caballos y los asnos.

CLAVE DE RESPUESTAS *(cont.)*

Día 2 (page 105)

Students should cross out the following sentences: El clima es muy caluroso y seco en África. Las cabras bebés pueden pararse apenas unas horas después de haber nacido. Las jirafas tienen cuellos muy largos.

Día 4 (page 107)

Words that should be crossed out:
1. casas, aeropuertos
2. crayones, leones
3. caballo, libro
4. pizza, autobús
5. computadoras, lápices

Día 5 (page 108)
1. No; hay una oración sobre las cabras bebés y una oración sobre los cuellos de las jirafas, a pesar de que el párrafo trata sobre las cebras.

Semana 20: Pingüinos

Día 1 (page 109)

Los pingüinos viven en lugares donde hace mucho frío. Puedes encontrar pingüinos en el agua, pero no en el cielo. Los pingüinos pueden nadar, pero no pueden volar. Cada pareja de pingüinos tiene una o dos crías al año.

Día 4 (page 112)
1. Los pingüinos pueden ser **muy juguetones**.
2. Los pingüinos pasan tiempo **en el** agua y en tierra firme.
3. Los padres pingüinos cuidan **los huevos** durante el invierno.
4. Las crías de pingüinos se quedan **con sus** padres durante cerca de seis meses.

Día 5 (page 113)

See Informative/Explanatory Rubric on page 203.

Semana 21: Personas importantes

Día 1 (page 114)

Thomas Edison: inventor de la cámara para películas cinematográficas y la bombilla eléctrica

Amelia Earhart: primera mujer piloto en volar sola sobre el océano Atlántico

Abraham Lincoln: decimosexto presidente de los Estados Unidos; ayudó a eliminar la esclavitud

Ruby Bridges: primera niña afroamericana de Luisiana en asistir a una escuela para blancos

Día 2 (page 115)

The following sentence should be circled: Todos deberían aprender más acerca de estos grandiosos estadounidenses.

The following names should be underlined: Thomas Edison, Amelia Earhart, Abraham Lincoln, Ruby Bridges.

Día 3 (page 116)

D: Helen Keller aprendió a comunicarse a pesar de que era ciega y sorda.
O: Creo que Martin Luther King Jr. fue un grandioso estadounidense.
O: Lo mejor de George Washington es que fue el primer presidente.
D: Martin Luther King Jr. ayudó a cambiar la manera en que eran tratadas las personas.
D: Sally Ride fue la primera mujer estadounidense que viajó al espacio.

Semana 22: Lugares importantes

Día 3 (page 121)
1. **Prefiero** ir al zoológico de nuestra ciudad.
2. **Creo que el mejor** lugar para visitar es Boston, MA.
3. **Lo mejor** de mi ciudad es el carnaval de cada año.
4. Todos **deberían** ir de vacaciones a California.
5. **Es mejor** ir a Washington D. C. que a Florida.

Día 4 (page 122)
1. Nuestra construcción preferida de **Washington** D. C. es el monumento a **Washington**.
2. Nosotros creemos que la iglesia **Old North Church** fue el lugar más interesante de **Boston** para visitar.
3. Los grandes árboles secuoya en el parque nacional de **Yosemite** son una atracción divertida.
4. Mi familia cree que nuestro viaje al **Gran Cañón** fue el mejor viaje que hemos hecho
5. Todos deberían ir a **El Álamo** en **Texas.**
6. Mis vacaciones preferidas fueron las que pasamos en el **Monte Rushmore**.

Día 5 (page 123)

See Opinion Writing Rubric on page 202.

Semana 23: Caperucita Roja

Día 1 (page 124)

The following words in each section should be circled: **Escenario:** selva o bosque. **Personajes:** abuela, madre, cazador, niña pequeña, lobo. **Utilería:** caperuza roja, canasta, comida, flores.

CLAVE DE RESPUESTAS *(cont.)*

Día 2 (page 125)

Students should underline the following sentences:

—Por favor, llévale esta cena a tu abuela.

—¿Qué hay en tu canasta?

—Es la cena para mi abuela

—¿Dónde está mi abuela?

Día 4 (page 127)
1. La anciana dijo:
   —¡Voy a atrapar esa galleta fugitiva!
2. —Estamos buscando a alguien que nos ayude a hornear el pan —dijeron los animales.

The following sentence uses the long dash correctly:

Ricitos de Oro dijo:
—Esta silla es demasiado blanda.

Semana 24: Ricitos de Oro y los tres osos

Día 4 (page 132)

Respuesta: Jordan me dijo:
—Mi cuento de hadas preferido es *El hombre de jengibre*.

Respuesta: —Creo que Ricitos de Oro tiene frío, entonces entra a la casa de los osos para calentarse —respondió Emily.

Respuesta: Cally dice:
—Creo que los osos deberían dejar que Ricitos de Oro se despierte de su siesta y darle la merienda.

Día 5 (page 133)

See Narrative Writing Rubric on page 204.

Semana 25: Ranas

Día 1 (page 134)

The following should be check marked: Las ranas arbóreas tienen ventosas en las patas. Las ranas tienen ojos grandes. Las ranas son de tonalidades verdes. Las ranas que viven en el agua tienen patas palmeadas. Algunas ranas tienen manchas en la piel.

Día 2 (page 135)

The following sentences should be underlined: Las ranas pueden ser de diferentes colores. Algunas ranas son verdes o marrones para camuflarse con su entorno. Las ranas punta de flecha son coloridas para que los depredadores sepan que deben mantenerse alejados. La mayoría de las ranas tienen ojos grandes que les permiten ver todo lo que hay a su alrededor. Las ranas tienen diferentes tipos de patas. Las patas palmeadas permiten que las ranas que viven en el agua puedan nadar. Las ventosas en todos los dedos permiten que las ranas puedan trepar.

Día 4 (page 137)

The following words should be lowercased:
1. patas, palmeadas, permiten
2. ayudan, ranas, insectos
3. emite, especial
4. atraviesan, etapas, adultas
5. ranas

Día 5 (page 138)
1. No; todas las oraciones se refieren a las ranas, pero no todas son sobre su apariencia.

Semana 26: Tortugas

Día 1 (page 139)

The following should be circled: Las tortugas son reptiles. Las tortugas tienen caparazón. Las tortugas tienen sangre fría. Las tortugas ponen huevos. Algunas tortugas viven en la tierra y otras en el agua. Los caparazones de las tortugas tienen diferentes diseños.

Día 4 (page 142)

The following words should be lowercased:
1. tortugas, mar
2. playa
3. hermana, escuela
4. excursión, acuario

Día 5 (page 143)

See Informative/Explanatory Writing Rubric on page 203.

Semana 27: Planetas

Día 1 (page 144)

Words that should be check marked: astronauta, Marte, Júpiter, Saturno, extraterrestre, Mercurio, cohete, Venus

Día 2 (page 145)

The following characters should be circled: astronauta, extraterrestre, astronauta, extraterrestre, astronauta, estraterrestre.

The following places should be underlined: planetas, Tierra, Mercurio, Sol, Venus, Tierra, Marte, Júpiter, Júpiter, Saturno, Urano, Neptuno, Neptuno, Venus, Tierra.

Semana 28: El Sol, la Luna y las estrellas

Día 3 (page 151)

Sequence Pairs: antes/después; anteriormente/más tarde; primero/por último; segundo/tercero

Día 4 (page 152)
1. El astronauta visitó Mercurio, Venus, Júpiter y Marte.
2. El extraterrestre de Marte tenía cabello rojo, tres ojos, cuatro orejas y siete brazos.
3. Vieron satélites, planetas, estrellas y lunas en el espacio.
4. Los astronautas deben llevar alimentos, trajes para el espacio, tanques de oxígeno y herramientas cuando viajan al espacio.

Día 5 (page 153)

See Narrative Writing Rubric on page 204.

CLAVE DE RESPUESTAS (cont.)

Semana 29: Un gran día

Día 2 (page 155)

Andrés estaba muy emocionado cuando se despertó, porque simplemente sabía que iba a ser un gran día. Después de la cena, toda la familia se dirigiría a **Central Park** para ver los fuegos artificiales. **Andrés** y sus primos, **Daniel** y **Aurelia**, iban a pasar la tarde en el zoológico **Westbrook Zoo**. La mañana continuaría con un paseo por la playa **Cedar Beach** con sus primos. La mamá le dijo a **Andrés** que permitiría que desayunara su comida preferida, y él ya podía oler los panqueques mientras se cocinaban. Ellos almorzarían al aire libre en la playa. **Andrés** estaba seguro de que este sería el mejor día de su vida.

Día 3 (page 156)

Actividad 1: 2, 1, 3.
Actividad 2: 3, 2, 1.
Activity 3: 3, 1, 2.

Día 4 (page 157)

1. El **Sr. Cheng** dijo que el coro de la escuela secundaria **Tonka** cantará para nosotros hoy.
2. **La** abuela **Nancy** me llevará al centro comercial **Westside Mall** para comprarme una mochila y una lonchera nuevas.
3. **Fue** divertido pasar el día en el parque **Valleyland Park** con mis amigos **Lucas, Katrina, Joel** y **Lauren**.
4. **En** el zoológico, **Ashley, Eric** y **Jonás** vieron animales de **África, Australia** y **América del Sur**.

Día 5 (page 158)

No, la secuencia está desordenada y no tiene sentido.

Semana 30: Un mal día

Día 4 (page 162)

1. **Daniel** dijo:
   —Tenemos un mal día cuando la **Sra. Grant** no está y una maestra suplente ocupa su lugar.
2. **Nuestro** director, el **Sr. Carpenter**, dijo que hacía demasiado frío para salir al recreo.
3. **Fue** un mal día porque olvidé en casa mi formulario de autorización para la excursión.
4. **Mi** hermano **Jim** se despertó tarde así que no alcanzamos el autobús para ir a la escuela.

Día 5 (page 163)

See Narrative Writing Rubric on page 204.

Semana 31: Hormigas

Día 2 (page 165)

A muchas personas no les **gustan** las hormigas y quieren **deshacerse** de ellas, pero yo **creo** que las hormigas son insectos importantes en nuestro entorno. Las hormigas **ayudan** a la tierra **excavando** túneles en el suelo. Cuando **excavan** estos túneles, **mueven** la tierra y la **hacen** más saludable para las plantas jóvenes. Otro modo en el que las hormigas **ayudan** es **comiendo** otros insectos. Algunos de los insectos que las hormigas **comen** son peligrosos para las plantas. Las hormigas también **ayudan** cuando **remueven** las semillas. ¿Sabías que las hormigas pueden **transportar** más de 20 veces el peso de su cuerpo? **Trasladan** muchas semillas de esa manera y las **llevan** a lugares donde es más fácil que **crezcan**. A pesar de que no es bueno **tener** hormigas cerca de los alimentos ni en los días de campo, ellas **ayudan** mucho a la tierra.

Día 3 (page 166)

Opinión #1: Las hormigas pueden dañar la madera. Algunas hormigas pican a las personas. Las hormigas ingresan a los hogares de las personas en busca de alimento y agua.

Opinión #2: Las hormigas comen insectos que dañan las plantas. Las hormigas remueven la tierra y eso ayuda a que las plantas crezcan. Las hormigas transportan semillas, lo cual permite que las plantas crezcan en zonas nuevas.

Día 4 (page 167)

1. La hormiga trepa ~~trepa~~ por la pared.
2. Las hormigas pueden comer ~~comer~~ los huevos de muchos insectos.
3. Cuando las hormigas transportan ~~transportan~~ semillas, las llevan a lugares nuevos donde pueden crecer.
4. Las hormigas que hacen túneles excavan ~~excavan~~ y remueven la tierra, lo cual ayuda a las plantas.

Día 5 (page 168)

The following sentences should be underlined:

Las hormigas ayudan a la tierra excavando túneles en el suelo. Cuando excavan estos túneles, mueven la tierra y hacen que sea más saludable para las plantas jóvenes. Otro modo en el que las hormigas ayudan es comiendo otros insectos. Las hormigas también ayudan cuando remueven las semillas. Trasladan muchas semillas de esa manera y las llevan a lugares donde es más fácil que crezcan.

CLAVE DE RESPUESTAS (cont.)

Semana 32: Abejas

Día 1 (page 169)

Coincide: Las abejas pican a las personas y eso es doloroso. Muchas personas son alérgicas a las picaduras de abejas. Las abejas producen zumbidos fuertes y molestos.

No coincide: Las abejas producen miel y a muchas personas les gusta comer miel. Las abejas polinizan las plantas y eso las ayuda a crecer.

Día 5 (page 173)

See Opinion Writing Rubric on page 202.

Semana 33: En el viento

Día 1 (page 174)

Responses could vary, leading to a discussion of the power of wind and size/weight of objects. Use these categories as a guideline:

Check-Marked Bubbles (light wind): burbujas, papalote, hoja, papel, pluma, globo

Starred Bubbles (strong wind): automóvil, bote, molino de viento, roca, canica, ramas de árboles

Día 2 (page 175)

The following sentences should be underlined: <u>El viento no se puede ver, pero es fácil notar lo que el viento hace. A pesar de que no puedes ver el viento, si observas con atención, sabes dónde está.</u>

The following sentences should be crossed out: ~~A veces, el tiempo está soleado. Es divertido encontrar las plumas que han perdido los pájaros. Los papalotes tienen muchos diseños coloridos y es agradable verlos.~~

Día 4 (page 177)

Words that should be crossed out:
1. calor, chaparrón
2. piedra, arder
3. aballo, bicicleta
4. radio, mapa

Día 5 (page 178)

Sí, todas las oraciones tratan sobre el viento.

Semana 34: Empujar o jalar

Día 3 (page 181)

Cuando juegas al tira y afloja, los equipos jalan desde los extremos opuestos de una cuerda. El tira y afloja es un buen ejemplo del uso de una fuerza intensa para jalar.

Cuando caminas y empujas un cochecito para niños, este se mueve lentamente. Un cochecito para niños se mueve rápidamente si corres mientras lo empujas.

Cuando lanzas una pelota de baloncesto, la empujas. Los jugadores de fútbol empujan la pelota mientras la patean por el campo de juego.

Si estás adentro de un automóvil, empujas la puerta para abrirla. Si estás afuera de un automóvil, abres la puerta jalándola.

Día 4 (page 182)

1. Si caminas lentamente mientras empujas una carretilla, ~~estas~~ **(esta)** se moverá lentamente.
2. Cuando bateas una pelota de béisbol, en realidad ~~lo~~ **(la)** estás empujando.
3. Los niños empujaron ~~su~~ **(sus)** autos de carrera por la pista.
4. Un bote se mueve cuando el viento empuja ~~su~~ **(sus)** velas.

Día 5 (page 183)

See Informative/Explanatory Writing Rubric on page 203.

Semana 35: ¿Mirar televisión o leer?

Día 2 (page 185)

Es divertido tener tiempo libre, pero puede ser difícil decidir qué hacer. Creo que es mejor pasar tiempo leyendo libros. ~~Cuando lees~~, aprendes cosas. ~~Puedes aprender~~ sobre personas, lugares y animales de todo el mundo. ~~Puedes aprender~~ sobre cómo crecen las cosas y cómo funcionan. ~~Cuando lees libros~~, desarrollas la imaginación. Puedes imaginar que eres el personaje de la historia y que estás experimentando las mismas cosas que él. ~~Cuando lees libros~~, mejoras tu lectura. Reconoces mejor ~~las palabras~~, lees ~~las palabras~~ correctamente y comprendes nuevas ~~palabras~~. Cuando tienes tiempo libre, realmente deberías elegir leer un libro.

Día 4 (page 187)

Words that should be deleted:
1. Muchas personas creen que
2. Todos deberían

Semana 36: ¿La playa o el parque?

Día 4 (page 192)
1. Yo creo que la playa es el mejor lugar para visitar en verano, ~~creo~~.
2. Todos deben pasar tiempo en el parque ~~el parque~~ para hacer ejercicio y divertirse.
3. Lo mejor de ir a la playa es comprar un helado en el camino de regreso a casa, ~~eso es lo mejor~~.
4. El parque cerca de mi casa es el mejor ~~mejor~~ parque de todos.

Día 5 (page 193)

See Opinion Writing Rubric on page 202.

OPINION WRITING RUBRIC

Directions: Evaluate students' work in each category by circling one number in each row. Students have opportunities to score up to five points in each row and up to 15 points total.

	Exceptional Writing	**Quality Writing**	**Developing Writing**
Focus and Organization	Clearly states an opinion that is relevant to the topic. Demonstrates clear understanding of the intended audience and purpose of the piece. Organizes ideas in a purposeful way and includes an introduction, a detailed body, and a conclusion.	States an opinion that is relevant to the topic. Demonstrates some understanding of the intended audience and purpose of the piece. Organizes ideas and includes an introduction, a body, and a conclusion.	States an unclear opinion that is not fully relevant to the topic. Demonstrates little understanding of the intended audience or purpose of the piece. Does not include an introduction, a body, or a conclusion.
Points	5 4	3 2	1 0
Written Expression	Uses descriptive and precise language with clarity and intention. Maintains a consistent voice and uses an appropriate tone that supports meaning. Uses multiple sentence types and transitions smoothly between ideas.	Uses a broad vocabulary. Maintains a consistent voice and supports a tone and feeling through language. Varies sentence length and word choices.	Uses a limited or an unvaried vocabulary. Provides an inconsistent or a weak voice and tone. Provides little to no variation in sentence type and length.
Points	5 4	3 2	1 0
Language Conventions	Capitalizes, punctuates, and spells accurately. Demonstrates complete thoughts within sentences, with accurate subject-verb agreement. Uses paragraphs appropriately and with clear purpose.	Capitalizes, punctuates, and spells accurately. Demonstrates complete thoughts within sentences and appropriate grammar. Paragraphs are properly divided and supported.	Incorrectly capitalizes, punctuates, and spells. Uses fragmented or run-on sentences. Utilizes poor grammar overall. Paragraphs are poorly divided and developed.
Points	5 4	3 2	1 0

Total Points: _____

INFORMATIVE/EXPLANATORY WRITING RUBRIC

Directions: Evaluate students' work in each category by circling one number in each row. Students have opportunities to score up to five points in each row and up to 15 points total.

	Exceptional Writing	**Quality Writing**	**Developing Writing**
Focus and Organization	Clearly states the topic and purposefully develops it throughout the writing. Demonstrates clear understanding of the intended audience and purpose of the piece. Organizes the information into a well-supported introduction, body, and conclusion.	States the topic and develops it throughout the writing. Demonstrates some understanding of the intended audience and purpose of the piece. Organizes the information into an introduction, body, and conclusion.	Does not state the topic and/or develop it throughout the writing. Demonstrates little understanding of the intended audience or purpose of the piece. Fails to organize the information into an introduction, body, or conclusion.
Points	5 4	3 2	1 0
Written Expression	Uses descriptive and precise language with clarity and intention. Maintains a consistent voice and uses an appropriate tone that supports meaning. Uses multiple sentence types and transitions smoothly between ideas.	Uses a broad vocabulary. Maintains a consistent voice and supports a tone and feeling through language. Varies sentence length and word choices.	Uses a limited or an unvaried vocabulary. Provides an inconsistent or a weak voice and tone. Provides little to no variation in sentence type and length.
Points	5 4	3 2	1 0
Language Conventions	Capitalizes, punctuates, and spells accurately. Demonstrates complete thoughts within sentences, with accurate subject-verb agreement. Uses paragraphs appropriately and with clear purpose.	Capitalizes, punctuates, and spells accurately. Demonstrates complete thoughts within sentences and appropriate grammar. Paragraphs are properly divided and supported.	Incorrectly capitalizes, punctuates, and spells. Uses fragmented or run-on sentences. Utilizes poor grammar overall. Paragraphs are poorly divided and developed.
Points	5 4	3 2	1 0

Total Points: _____

NARRATIVE WRITING RUBRIC

Directions: Evaluate students' work in each category by circling one number in each row. Students have opportunities to score up to five points in each row and up to 15 points total.

	Exceptional Writing	Quality Writing	Developing Writing
Focus and Organization	Identifies the topic of the story and maintains the focus throughout the writing. Develops clear settings, a strong plot, and interesting characters. Demonstrates clear understanding of the intended audience and purpose of the piece. Engages the reader from the opening hook through the middle to the conclusion.	Identifies the topic of the story, but has some trouble maintaining the focus throughout the writing. Develops settings, a plot, and characters. Demonstrates some understanding of the intended audience and purpose of the piece. Includes an interesting opening, a strong story, and a conclusion.	Fails to identify the topic of the story or maintain focus throughout the writing. Does not develop strong settings, plot, or characters. Demonstrates little understanding of the intended audience or purpose of the piece. Provides lack of clarity in the beginning, middle, and/or conclusion.
Points	5 4	3 2	1 0
Written Expression	Uses descriptive and precise language with clarity and intention. Maintains a consistent voice and uses an appropriate tone that supports meaning. Uses multiple sentence types and transitions smoothly between ideas.	Uses a broad vocabulary. Maintains a consistent voice and supports a tone and feeling through language. Varies sentence length and word choices.	Uses a limited or an unvaried vocabulary. Provides an inconsistent or a weak voice and tone. Provides little to no variation in sentence type and length.
Points	5 4	3 2	1 0
Language Conventions	Capitalizes, punctuates, and spells accurately. Demonstrates complete thoughts within sentences, with accurate subject-verb agreement. Uses paragraphs appropriately and with clear purpose.	Capitalizes, punctuates, and spells accurately. Demonstrates complete thoughts within sentences and appropriate grammar. Paragraphs are properly divided and supported.	Incorrectly capitalizes, punctuates, and spells. Uses fragmented or run-on sentences. Utilizes poor grammar overall. Paragraphs are poorly divided and developed.
Points	5 4	3 2	1 0

Total Points: _____

OPINION WRITING ANALYSIS

Directions: Record each student's rubric scores (page 202) in the appropriate columns. Add the totals every two weeks and record the sums in the Total Scores column. You can view: (1) which students are not understanding the opinion genre and (2) how students progress after multiple encounters with the opinion genre.

Student Name	Week 6	Week 10	Week 12	Week 22	Week 32	Week 36	Total Scores
Average Classroom Score							

INFORMATIVE/EXPLANATORY WRITING ANALYSIS

Directions: Record each student's rubric score (page 203) in the appropriate columns. Add the totals every two weeks and record the sums in the Total Scores column. You can view: (1) which students are not understanding the informative/explanatory genre and (2) how students progress after multiple encounters with the informative/explanatory genre.

Student Name	Week 4	Week 8	Week 14	Week 20	Week 26	Week 34	Total Scores
Average Classroom Score							

NARRATIVE WRITING ANALYSIS

Directions: Record each student's rubric score (page 204) in the appropriate columns. Add the totals every two weeks and record the sums in the Total Scores column. You can view: (1) which students are not understanding the narrative genre and (2) how students progress after multiple encounters with the narrative genre.

Student Name	Week 2	Week 16	Week 18	Week 24	Week 28	Week 30	Total Scores
Average Classroom Score							

EL PROCESO DE ESCRITURA

PASO 1: PREESCRITURA

Piensa en el tema. Haz una lluvia de ideas y organiza lo que quieres incluir en tu escrito.

PASO 2: BORRADOR

Usa tus ideas de la lluvia de ideas para escribir el primer borrador. No te preocupes por los errores. Será el primer borrador.

PASO 3: REVISIÓN

Lee tu primer borrador. Piensa en el vocabulario que usaste y en cómo está organizado tu escrito. Luego, haz las modificaciones correspondientes para mejorar tu escrito.

PASO 4: CORRECCIÓN

Vuelve a leer el borrador que revisaste. Verifica que no haya errores de ortografía, de puntuación ni de gramática. Usa marcas de corrección para corregir los errores.

PASO 5: PUBLICACIÓN

Crea una versión final de tu escrito en la que incluyas las modificaciones de la versión corregida. Asegúrate de volver a leer tu trabajo para verificar que no haya errores.

MARCAS DE CORRECCIÓN

Marcas de corrección	Nombres de los símbolos	Ejemplo
≡	símbolo de mayúsculas	david devoró las uvas.
/	símbolo de minúsculas	Mi madre Me abrazó cuando Regresé a Casa.
⊙	símbolo para insertar punto	La nubes bailaban en el cielo.
ort ◯	símbolo para revisar la ortografía	ort La historia me (hiso) reír.
∽	símbolo para cambiar de posición	¿Cómo hoy estás?
∧	símbolo para insertar	por favor ¿Me pasarías la pizza?
∧,	símbolo para insertar comas	Tengo dos gatos dos perros y un pez de colores.
" " ∨ ∨	símbolo para insertar raya de diálogo	∨Es increíble∨ gritó.
℮	símbolo de eliminación	¿Me llamarás llamarás por teléfono esta noche?
¶	símbolo para indicar párrafo nuevo	... en el árbol. ¶Después del almuerzo, pasé el día...
#	símbolo para agregar espacio	Corrí hacia#el árbol.

CONSEJOS PARA LOS ESCRITOS DE OPINIÓN

Pregúntate...	Recuerda...
¿Estoy suficientemente convencido de mi opinión como para poder convencer a otros de que piensen lo mismo?	Asegúrate de que puedas respaldar tu opinión con ejemplos específicos.
¿He enunciado mi opinión de manera que capte la atención del lector?	Comienza con una pregunta o un enunciado audaz que incluya tu opinión.
¿Tengo al menos tres fundamentos basados en datos reales que respalden mi opinión?	Incluye al menos tres fundamentos sólidos por los que el lector debería coincidir contigo.
¿Cuento con un ejemplo para cada fundamento que fortalezca mi argumento?	Cada fundamento debe estar seguido de un ejemplo sólido.
¿Existe un orden lógico en mi escrito?	Mantente enfocado. Procura llevar un orden lógico para presentar cada fundamento y ejemplo.
¿Uso transiciones graduales para relacionar mis pensamientos y permitir que mi escrito fluya?	Usa palabras de transición, como *primero, además, otro fundamento* y *lo que es más importante*.
¿Mi conclusión enuncia nuevamente mi opinión?	No olvides volver a presentar tu opinión en la oración final.
¿He escrito correctamente las palabras, y he usado la gramática y la puntuación de manera correcta?	Repasa lo que has escrito. Luego, verifica que no haya errores.

CONSEJOS PARA LOS ESCRITOS INFORMATIVOS/EXPLICATIVOS

Pregúntate...

- ¿Proporciono suficiente información sobre el tema?

- ¿He limitado el enfoque del tema?

- ¿Tiene mi escrito algo que capte la atención?

- ¿Presento mi información en un orden lógico?

- ¿He incluido suficiente información para hacer que el lector se interese y quiera aprender aún más?

- ¿He escrito correctamente las palabras, y he usado la gramática y la puntuación de manera correcta?

Recuerda...

- Asegúrate de incluir datos reales sobre el tema en tu escrito para informar al lector.

- Elige un aspecto del tema sobre el que quieras escribir.

- Comienza con una oración temática sólida que capte la atención del lector.

- Mantente enfocado. Comienza cada párrafo con una oración temática y agrega detalles.

- Finaliza con una oración contundente que haga que el lector desee aprender más acerca del tema.

- Repasa lo que has escrito. Luego, verifica que no haya errores.

CONSEJOS PARA LOS ESCRITOS NARRATIVOS

Pregúntate... | **Recuerda...**

Pregúntate	Recuerda
¿Soy el personaje principal? ¿La historia se cuenta desde mi punto de vista?	Eres parte de la historia, cuentas dónde te encuentras, lo que ves, quién te acompaña y lo que haces.
¿Tiene mi historia algo que capte la atención?	Incluye una oración introductoria emocionante que haga que el lector quiera seguir leyendo.
¿Tiene sentido mi historia, además de una introducción, un desarrollo y un final?	Mantente enfocado. Procura mantener un orden lógico de cómo transcurrió la experiencia.
¿Uso transiciones para relacionar mis pensamientos y permitir que mi escrito fluya?	Usa palabras de transición como *primero, a continuación, luego, por otro lado* y *finalmente*.
¿Incluyo detalles y lenguaje sensorial que enriquezcan el escrito para que el lector forme imágenes en su mente?	Usa muchos adjetivos e incorpora lenguaje figurado, como metáforas o símiles para que tu historia cobre vida.
¿Resume mi conclusión la idea principal?	Incorpora una o dos oraciones con una reflexión sobre lo que has escrito.
¿He escrito correctamente las palabras, y he usado la gramática y la puntuación de manera correcta?	Repasa lo que has escrito. Luego, verifica que no haya errores.

Escritura de opinión

DIGITAL RESOURCES

Accessing the Digital Resources

The digital resources can be downloaded by following these steps:

1. Go to **www.tcmpub.com/digital**

2. Sign in or create an account.

3. Click **Redeem Content** and enter the ISBN number, located on page 2 and the back cover, into the appropriate field on the website.

4. Respond to the prompts using the book to view your account and available digital content.

5. Choose the digital resources you would like to download. You can download all the files at once, or you can download a specific group of files.

ISBN: 9781087643045

Please note: Some files provided for download have large file sizes. Download times for these larger files will vary based on your download speed.

 CONTENTS OF THE DIGITAL RESOURCES

Teacher Resources
- Informative/Explanatory Writing Analysis
- Narrative Writing Analysis
- Opinion Writing Analysis
- Writing Rubric
- Writing Signs

Student Resources
- Peer/Self-Editing Checklist
- Editing Marks
- Practice Pages
- The Writing Process
- Writing Prompts
- Writing Tips

www.ingramcontent.com/pod-product-compliance
Lightning Source LLC
Chambersburg PA
CBHW060420010526
44118CB00017B/2297